¿QUÉ ES UNA IGLESIA SANA?

¿QUÉ ES UNA IGLESIA SANA?

MARK DEVER

¿Qué es una iglesia sana?
Mark Dever

© 2016 por 9Marks

Traducido del libro *What Is a Healthy Church?* © 2016 por Mark Dever.
Publicado por Crossway, un ministerio editorial de Good News Publishers;
Wheaton, Illinois 60187, U.S.A. Esta edición fue publicada por un acuerdo
con Crossway.

A menos que se indique lo contrario, las citas bíblicas han sido tomadas
de *La Nueva Biblia de las Américas*™ NBLA™ © 2005 por The Lockman
Foundation.

Diseño de la carátula: Dual Identity, Inc.
Imagen de la carátula: Wayne Brezinka para brezinkadesign.com

Poiema Publicaciones
info@poiema.co
www.poiema.co

Impreso en Colombia
ISBN: 978-1-944586-78-2
SDG

Con gratitud a Dios por los pastores
fieles que he conocido:

HAROLD PURDY

WALLY THOMAS

ED HENEGAR

CONTENIDO

Prefacio: Una parábola   9

Introducción: ¿Qué buscas en una iglesia?   13

PARTE 1: ¿QUÉ ES UNA IGLESIA SANA?

1 Tu cristianismo y tu iglesia   21

2 Lo que una iglesia es... y no es   35

3 Lo que toda iglesia debe aspirar a ser: Sana   43

4 Guía básica: Cómo reflejar el carácter de Dios   57

Consejos rápidos: Si estás pensando salir de tu iglesia   67

PARTE 2: MARCAS ESENCIALES DE UNA IGLESIA SANA

5 Predicación expositiva   75

6 Teología bíblica   83

7 Un entendimiento bíblico de las buenas nuevas   91

Consejos rápidos: Cómo encontrar una iglesia sana   97

PARTE 3: MARCAS IMPORTANTES DE UNA IGLESIA SANA

8 Un entendimiento bíblico de la conversión   103

9 Un entendimiento bíblico del evangelismo   109

10 Un entendimiento bíblico de la membresía   115

11 Disciplina bíblica en la iglesia   123

12 El discipulado y el crecimiento bíblico   131

13 Liderazgo bíblico en la iglesia   139

Conclusión: Ahora viene lo bueno   149

Apéndice: Un típico pacto de una iglesia sana   155

Agradecimiento especial   157

UNA PARÁBOLA

Ahora bien, Dios ha colocado a cada uno de los miembros en el cuerpo según le agradó. Y si todos fueran un solo miembro, ¿qué sería del cuerpo? Sin embargo, hay muchos miembros, pero un solo cuerpo. Y el ojo no puede decirle a la mano: "No te necesito"; ni tampoco la cabeza a los pies: "No los necesito".

1 Corintios 12:18-21

Los señores Nariz y Mano estaban sentados en la banca de la iglesia conversando. El servicio de la mañana, dirigido por Oído y Boca, recién había terminado, y Mano le decía a Nariz que él y su familia habían decidido buscar otra congregación.

"¿De verdad?" respondió Nariz a las noticias de Mano. "¿Por qué?".

"Oh, no sé" dijo Mano, cabizbajo. Él usualmente hablaba más lento que los otros miembros del cuerpo. "Es que la congregación no tiene lo que la Sra. Mano y yo estamos buscando".

"Bueno, ¿qué es lo que estás buscando?" preguntó Nariz. El tono con que habló estas palabras era con mucha simpatía. Pero, mientras las estaba hablando él sabía muy bien que iba a ignorar la respuesta de Mano. Si los Mano no podrían ver que Nariz y el resto del liderazgo estaban llevando al cuerpo de la iglesia en la dirección correcta, entonces no había nada que hacer.

Mano tuvo que pensar antes de responder. Él y la Sra. Mano estimaban al Pastor Boca y a su familia. También pensaban que el ministro de música Oído tenía buenas intenciones. "Bueno, yo creo que estamos buscando un lugar donde la gente sea más como nosotros", confesó finalmente Mano. "Tratamos de convivir con los Pies, pero sentimos que no nos conectamos con ellos. Luego nos unimos al grupo pequeño para todos los Dedos. Pero solo hablaban acerca de calcetines, zapatos y olores. Y eso no nos interesaba."

Nariz lo miró con genuina desilusión: "Pero, ¿no estás contento que ellos estén preocupados por los olores?".

"Sí, claro, pero no es para nosotros. Luego, fuimos a la Escuela Dominical para todos los miembros de la cara. ¿Lo recuerdas? Fuimos varios domingos hace algunos meses.

"Fue genial tenerlos allí".

"Gracias. Pero ustedes solo hablaban, escuchaban, olían, y gustaban. Se sentía como, bueno parecía que nunca querían trabajar y poner manos a la obra. Es más, la Sra. Mano y yo estamos pensando ir a la nueva congregación en el lado Este de la ciudad. Escuchamos que palmean mucho y alzan las manos. Eso es lo que estamos necesitando ahora.

"Hmmmm", dijo Nariz. "Ya veo lo que dices. No quisiéramos que se fueran. Pero me imagino que debes hacer lo que sea lo mejor para ustedes.

En ese momento, la Sra. Mano, quien estaba en otra conversación regresó con su esposo y Nariz. Mano explicó brevemente lo que él y Nariz habían estado conversando, y Nariz volvió a repetir la tristeza que iban a sentir al considerar la posibilidad de perder a los Mano. Pero, volvió a decir que entendía ya que parecía que sus necesidades no estaban siendo solventadas.

La Sra. Mano expresó estar de acuerdo. Ella quería ser cortés, pero honestamente no sentía tristeza al irse. Su esposo había hecho tantos comentarios criticando a la congregación a través de los años que su corazón empezó a reflejar el del Sr. Mano. Nunca había explotado en enojo contra el cuerpo. Es más, a menudo se disculpaba por ser "tan negativo", como solía decir. Pero las pequeñas quejas que expresaba habían tenido cierto efecto. Los grupos pequeños *eran* un poco exclusivistas. La música *estaba* pasada de moda. Los programas *eran* un tanto bobos. La enseñanza no *era* algo que les gustara del todo. Al final, era difícil para los Mano dar una razón, pero finalmente habían decidido que esta congregación no era para ellos.

Además la Sra. Mano sabía que su hija Meñique no se sentía muy cómoda en el grupo para jóvenes. Todos eran tan diferentes a ella que se sentía fuera de lugar.

La Sra. Mano dijo como apreciaba a Nariz y su liderazgo. Pero la conversación ya se había prolongado demasiado para Nariz. Es más, el perfume de la Sra. Mano lo hacía querer estornudar. Agradeció a la Sra. Mano por sus palabras, y le repitió estar triste por su decisión, se volteó y comenzó a caminar. ¿Quién necesitaba a los Mano? Aparentemente, ellos no lo necesitaban a él.

¿QUÉ BUSCAS EN UNA IGLESIA?

¿Qué buscas en una iglesia? Quizá no has pensado en esta pregunta recientemente. Pero toma un momento para considerar esto: ¿cómo luce una iglesia ideal? Para ti, la iglesia ideal es un lugar con...".

Buena música —música que demuestra que el grupo practicó y se preparó—. No quieres guitarras ni batería. Quieres un coro con violinistas. La música bella glorifica a Dios. O quizá sí quieres guitarras y batería, algo contemporáneo y al día. Eso es lo que la gente escucha en la radio y eso es lo que quieren escuchar en la iglesia.

Quizá la música no es tan importante para ti como lo es la predicación. Quieres una iglesia donde los sermones sean muy buenos —instructivos, no con mano dura, bíblicos, pero no aburridos, prácticos pero no enfadosos ni legalistas—. Claro, la clase de hombre que es el predicador tiene mucho que ver con la clase de sermones, y hay muchas clases de predicadores: el erudito intenso que ama la doctrina y nunca sonríe, el tipo gracioso con millones de historias, el consejero familiar que "ha vivido cada situación". Claro, solo estoy describiendo una caricatura, pero muchos de nosotros tenemos expectativas de cómo debe ser un pastor, ¿no es así?

O quizá estás buscando una iglesia donde la gente está en la misma etapa de vida que tú porque así puedes conectar con ellos. Ellos comprenden lo que estás atravesando porque también lo están viviendo. Acaban de salir de la universidad al igual que tú. Tienen hijos pequeños al igual que tú. Están por jubilarse al igual que tú. Ellos saben lo que es comprar en tiendas de segunda igual que tú o tiendas de diseñador igual que tú. Son de la ciudad al igual que tú, o quizá de zona rural.

O quizá lo más importante de una iglesia son las oportunidades que te dan para involucrarte: lugares para servir, oportunidades para hacer el bien. ¿Enfatiza la iglesia el evangelismo? ¿Hace énfasis en las misiones? ¿Hace énfasis en ayudar a los pobres? ¿Da oportunidades para que tú y tu hijo puedan conocer a otros padres e hijos? ¿Da oportunidades para ayudar en el ministerio de niños? ¿Tiene programas que puedan llamar la atención de tus niños o tus jóvenes?

Yo creo que mucha gente busca una iglesia que esté "viva en el Espíritu". El Espíritu es el que nos guía, así que posiblemente buscas una iglesia donde la gente sea sensible a oír Su voz, donde puedan identificar Su obra o que no duden de las cosas asombrosas que Él puede hacer. Estás cansado de estar cerca de los contristadores del Espíritu y amantes de la tradición. ¡El Espíritu está haciendo cosas nuevas! ¡Nos está dando canciones nuevas!

O quizá solo buscas una iglesia que te haga sentir de cierta forma. Tal vez nunca lo dirías de esta manera. Pero si estás acostumbrado a una iglesia que te haga sentir como en un centro comercial o en una capilla vieja o un café, es de esperarse que busques una iglesia que te de la misma sensación. ¿Acaso no es cierto que cuando muchos de nosotros salimos del hogar de nuestros padres, solemos volvernos nostálgicos con ciertos paisajes, olores o sonidos que tienen relación con las cosas que hacían mamá y papá?

Muchas de estas cosas pueden ser buenas, o por lo menos neutrales. Realmente, solo quiero que comiences a pensar en lo que más valoras de una iglesia.

¿Qué es lo que estás buscando? ¿Un lugar acogedor? ¿Apasionado? ¿Auténtico? ¿Grande? ¿Íntimo? ¿A la moda? ¿Emocionante? ¿*Hardcore*?

¿Cómo debería ser una iglesia?

UN TEMA PARA TODOS LOS CRISTIANOS

Antes de que consideremos lo que la Biblia dice acerca de cómo deben ser las iglesias, lo cual haremos en los primeros capítulos, quiero que consideres la razón de mi pregunta, especialmente si no eres pastor. Al fin y al cabo, un libro acerca de iglesias saludables, ¿no es solo para los pastores y líderes de la iglesia?

Es para pastores, sí, pero también para cada cristiano. Recuerda: a ellos escribían los autores del Nuevo Testamento. Cuando las iglesias en Galacia comenzaron a escuchar a los falsos maestros, Pablo les escribió diciendo: "Me maravillo de que tan pronto ustedes hayan abandonado a Aquel que los llamó por la gracia de Cristo, para seguir un evangelio diferente" (Ga 1:6). ¿A quiénes estaba llamando a cuentas el Apóstol por las enseñanzas falsas en la iglesia? No solo a los pastores sino a todo el cuerpo de la iglesia. Esperaríamos que les escribiera solo a los líderes de la iglesia diciendo: "¡Detengan la enseñanza falsa!" Pero no lo hace. Él llama a cuentas a toda la iglesia.

De la misma manera, cuando la iglesia en la ciudad de Corinto permitía que continuara una relación adúltera en medio de ellos, Pablo le habló directamente a la iglesia (1Co 5). No les dijo a los pastores o al personal que se encargaran del problema. Le dijo a la iglesia que se encargara.

Así es con la mayoría de las cartas del Nuevo Testamento. Estoy seguro que los pastores de esas congregaciones del primer siglo estaban escuchando cuando Pablo, Pedro,

Santiago y Juan se dirigían a las congregaciones. Estoy seguro también que los pastores tomaban la iniciativa y lideraban las acciones según las instrucciones que daban los Apóstoles en sus cartas. Al seguir el ejemplo apostólico y dirigirme a ti, pastor y miembros por igual, creo que estoy poniendo la responsabilidad donde al fin de cuentas debe estar. Tú y todos los miembros de tu iglesia son responsables en última instancia ante Dios de lo que sucede con tu iglesia, no solo tus pastores u otros líderes. Tú.

Tus pastores comparecerán ante Dios para dar cuentas de cómo dirigieron la congregación (Heb 13:17). Pero cada uno de nosotros que somos discípulos del Señor Jesucristo daremos cuenta si nos reunimos o no regularmente con la iglesia y nos exhortamos al amor y a las buenas obras, y luchamos por mantener la sana enseñanza y la esperanza del evangelio (Heb 10:23-25).

Amigo, si tú te llamas cristiano y crees que un libro sobre iglesias saludables es un libro para líderes de iglesia o quizá para aquellos "tipos teológicos", y prefieres leer libros acerca de la vida cristiana, quizá sea tiempo de parar y considerar nuevamente lo que la Biblia enseña sobre ser un cristiano. Meditaremos aún más sobre eso en el capítulo 1.

Después de esto, consideraremos lo que la iglesia es (capítulo 2), el propósito de Dios para la iglesia (capítulo 3), y porqué la Biblia debe guiar nuestras iglesias (capítulo 4).

Si ya estás convencido que la Biblia debe dirigir nuestras iglesias para desplegar la gloria de Dios, quizá quieras comenzar en el capítulo 5 donde comienzo a listar las nueve marcas de una iglesia saludable. Que Dios use nuestras meditaciones juntos para preparar a Su novia para el encuentro con Jesús (Ef 5:25-32).

PARTE 1

¿QUÉ ES UNA
IGLESIA SANA?

CAPÍTULO 1

TU CRISTIANISMO Y TU IGLESIA

A veces recibo invitaciones para enseñar a estudiantes universitarios. En algunas ocasiones he comenzado mi tiempo con ellos con las siguientes palabras: "Si te llamas a ti mismo cristiano, pero no eres miembro de la iglesia a la que regularmente asistes, me preocupa que te puedas estar dirigiendo al infierno".

Eso sí que capta su atención.

Ahora, ¿hago la pregunta solo para llamar su atención? No lo creo. ¿Estoy tratando de asustarlos para que entren a la membresía de la iglesia? Realmente no. ¿Estoy diciendo que el unirse a una iglesia hace a alguien cristiano? ¡Definitivamente no! Si algún libro o persona afirma algo así, tírenlo por la ventana.

Entonces, ¿por qué comienzo con este tipo de advertencia? Porque quiero que ellos vean la urgencia de formar parte de una iglesia saludable en la vida cristiana y empiecen a compartir la pasión por la iglesia que caracteriza tanto a Cristo como a Sus seguidores.

Muchos cristianos hoy día en Occidente (¿y en otros lugares?) tienden a ver su cristianismo como una relación personal con Dios y nada más. Por lo general, ellos saben que esta "relación personal", tiene algunas implicaciones sobre cómo deben vivir. Pero me preocupa que muchos cristianos no se dan cuenta que esta relación tan importante que tenemos con Dios también requiere un número de relaciones personales secundarias: la relación que Cristo establece entre nosotros y Su cuerpo, la Iglesia. El plan de Dios no es que nosotros escojamos estas relaciones a nuestro antojo entre los muchos cristianos que están "allá afuera". Lo que Dios quiere es establecernos en una relación con gente real, de carne y huesos. Él quiere unirte a un cuerpo de personas pecadoras, molestas y que llegarán a fastidiarte —como amigos que te aman y fielmente producen heridas (Pro 27:6)—.

¿Por qué me preocupo si te llamas cristiano pero no eres miembro activo de la iglesia local a la cual asistes y puedes estar camino al infierno? Piensa conmigo por un momento sobre qué es un cristiano.

LO QUE UN CRISTIANO ES

Un cristiano es alguien que, en primer lugar, ha sido perdonado de su pecado y reconciliado con Dios el Padre a través de Su Hijo Jesucristo. Esto ocurre cuando una persona se arrepiente de sus pecados y pone su fe en la vida perfecta, en la muerte sustitutoria, y en la resurrección de Jesucristo, el Hijo de Dios.

En otras palabras, un cristiano es alguien que ha reconocido su incapacidad y la inutilidad de sus propios recursos morales delante de Dios. Ha reconocido que él, en desafío a la ley de Dios claramente revelada, ha entregado su vida a la adoración y amor de otras cosas que no son Dios: su carrera, su familia, las cosas que el dinero puede comprar, la opinión de otras personas, el honor de su familia y de la comunidad, el favor de los falsos dioses de otras religiones, los espíritus de este mundo, o también las cosas buenas que alguien puede hacer. Un cristiano también ha reconocido que estos "ídolos" condenan en esta vida y en la venidera. Sus apetitos nunca son satisfechos de este lado de la eternidad. Y ellos provocan la justa ira de Dios durante la siguiente vida en la eternidad; una muerte y un juicio que el cristiano ya ha probado un poco (misericordiosamente) en las miserias de este mundo.

Por lo tanto, un cristiano sabe que si él muriera esta noche y se presentara delante de Dios, y si Dios dijera: "¿Por qué debo dejarte entrar a Mi presencia?", el cristiano diría: "Tú no me deberías dejar entrar. Yo he pecado y tengo una deuda contigo que no puedo pagar". Pero él no se detendría ahí. Él continuaría diciendo: "¡Sin embargo, debido a Tus grandiosas promesas y misericordia, yo dependo de la sangre de Jesucristo que Él derramó como sustituto por mí, pagando mi deuda moral, satisfaciendo Tus requisitos santos y justos, y removiendo Tu ira en contra de mi pecado!".

Con esa afirmación de ser declarado justo en Cristo, el cristiano es alguien que ha descubierto el comienzo de la libertad de los pecados que lo esclavizaban. Antes los ídolos y otros dioses nunca podían ser satisfechos, sus estómagos nunca llenos. Pero ahora, la satisfacción de Dios en la obra de Cristo significa que la persona que ha sido liberada de la condenación; ¡ahora es libre! Por primera vez, el cristiano es libre para darle la espalda al pecado, no solamente reemplazarlo por otro pecado, sino ser lleno del Espíritu Santo —deseando al mismo Jesucristo y viviendo bajo el gobierno de su Salvador—. Contrario a Adán que trató de quitar a Dios de Su trono y hacerse a sí mismo "dios", el cristiano se regocija en el hecho de que Cristo está en el trono. Él medita constantemente en la perfecta sumisión de la vida de Jesús a la voluntad y palabras del Padre y busca ser como su Salvador.

Por lo tanto, el cristiano es alguien que, ante todo, ha sido reconciliado con Dios por medio de Cristo. Cristo ha satisfecho la ira de Dios, y el cristiano es ahora declarado justo delante de Dios, llamado a una vida justa, y vive en la esperanza de que un día estará delante de su majestad en el cielo.

¡Pero eso no es todo! Segundo, un cristiano es alguien que, por la virtud de su reconciliación con Dios, ha sido reconciliado con el pueblo de Dios. ¿Recuerdan la primera historia en la Biblia después de que Adán y Eva cayeran y fueran expulsados del Edén? Es la historia de un ser humano matando a otro; Caín matando a Abel. Si el acto de tratar de quitar a Dios de Su trono es, por su propia naturaleza, un intento de ponernos por encima de Él, nosotros no estaríamos dispuestos a que otro ser humano nos quitara ese trono. De ninguna manera. El acto de Adán de romper su comunión con Dios resultó en un inmediato rompimiento de la comunión entre todos los seres humanos. Desde ese momento, ¡defiéndase quien pueda!

Así que, no debería ser ninguna sorpresa que Jesús dijera: "Amarás al Señor tu Dios con todo tu corazón, y con toda tu alma, y con toda tu mente... Y a tu prójimo como a ti mismo. De estos dos mandamientos depende toda la ley y los profetas" (ver Mt 22:34-40). Los dos mandamientos van juntos. El primero produce el segundo, y el segundo prueba el primero.

Si hemos sido reconciliados con Dios por medio de Cristo, esto significa que también hemos sido reconciliados con todos los demás que han sido reconciliados con Dios. Después de describir en la primera mitad de Efesios 2 la gran salvación que Dios nos ha dado en Cristo Jesús,

Pablo se dirige, en la segunda mitad de Efesios 2 a describir lo que esto significa para la relación entre judíos y gentiles, y por extensión, entre todos los que están en Cristo. Él escribe:

> Porque Él mismo es nuestra paz, y de ambos pueblos hizo uno, derribando la pared intermedia de separación, poniendo fin a la enemistad en Su carne, la ley de los mandamientos expresados en ordenanzas, para crear en Él mismo de los dos un nuevo hombre, estableciendo así la paz, y para reconciliar con Dios a los dos en un cuerpo por medio de la cruz, habiendo dado muerte en ella a la enemistad.
>
> **Efesios 2:14-16**

Ahora, todos los que pertenecen a Dios son "conciudadanos" y miembros "de la familia de Dios" (v. 19). Nosotros estamos unidos con Cristo en un "templo santo" (v. 21); ¡muchas ricas analogías para describir esta nueva relación!

UNA FAMILIA, UNA COMUNIÓN Y UN CUERPO

Quizás el meditar en la analogía de una "familia" nos ayude a ver que estar reconciliados con Dios también significa estar reconciliados con Su pueblo. Si tú eres un huérfano, tú no adoptas a tus padres, ellos son los que te adoptan a ti. Si tus padres adoptivos se llaman Ortiz, ahora asistirás a las cenas familiares de los Ortiz junto con los padres y todos sus hijos. Compartirás un cuarto por las noches con los hijos de los Ortiz. En la escuela, cuando la maestra pase la lista de asistencia y diga: "¿Ortiz?", levantarás tu mano como tu hermano mayor hizo antes de ti y tu hermana menor hará después de ti. Y tú haces esto, no porque decidiste jugar el rol de los "Ortiz", sino porque alguien fue al orfanato y dijo: "Tú serás un Ortiz". Ese mismo día, tú te convertiste en el hijo de alguien y en el hermano de otros.

Tú no eres Ortiz. Eres *cristiano*, nombrado por Aquel mediante el cual fuiste adoptado, Cristo (Ef 1:5). Ahora eres parte de toda la familia de Dios. "Porque tanto el que santifica como los que son santificados, son todos de un Padre" (Heb 2:11).

Esta no es una familia disfuncional con sus miembros lejos los unos de los otros. Esta es una comunidad en profundo compañerismo. Cuando Dios te llamó "a la comunión con Su Hijo Jesucristo nuestro Señor" (1Co 1:9), Él también te llamo a la "comunión" con toda la familia (1Co 5:2).

Y esto no es un compañerismo cortés y formal. Se trata de un cuerpo unido por nuestras decisiones individuales, pero también unido por mucho más que una decisión humana: la persona y obra de Cristo. Serías tan tonto si dijeras: "Yo no soy parte de la familia", como si cortaras tu mano o nariz. Como Pablo le dijo a los Corintos: "Y el ojo no puede decirle a la mano: 'No te necesito'; ni tampoco la cabeza a los pies: 'No los necesito'" (1Co 12:21).

En resumen, es imposible contestar la pregunta ¿qué es un cristiano? sin terminar la conversación hablando sobre la iglesia; al menos, en la Biblia es así. No tan solo eso, sino que es difícil usar una sola metáfora para la iglesia, porque el Nuevo Testamento usa muchas de ellas: una familia y una comunión, un cuerpo y una novia, un pueblo y un templo, una señora y sus hijos. Nunca el Nuevo Testamento concibe al cristiano existiendo prolongadamente *fuera* de la comunión de la iglesia. La iglesia realmente no es un lugar. Es un pueblo: el pueblo de Dios en Cristo.

UNIÉNDOSE A UNA IGLESIA REAL

Cuando una persona llega a ser cristiana, no solo se une a una iglesia local porque es un buen hábito para crecer en madurez espiritual. Él se une a una iglesia local porque es la expresión de lo que Cristo ha hecho en él: un miembro del cuerpo de Cristo. Estar unido a Cristo significa estar unido a cada cristiano. Pero esa unión universal se debe dar en la vida y existencia de una iglesia local.

A veces los teólogos hacen una distinción entre la iglesia universal (todos los cristianos de todas partes a lo largo de la historia) y la iglesia local (aquellas personas que se reúnen en la calle por dónde vives para escuchar la Palabra siendo predicada y practicar el bautismo y la

Cena del Señor). Aparte de unas pocas referencias sobre la Iglesia universal (como en Mt. 16:18 y la mayoría de menciones en Efesios), la mayor parte de las referencias a la iglesia en el Nuevo Testamento son de iglesias locales, como cuando Pablo escribe, a "la iglesia de Dios en Corinto" o a "las iglesias en Galacia".

Ahora, lo que sigue es un poco intenso, pero es importante. La relación entre nuestra membresía en la iglesia universal y nuestra membresía en la iglesia local se parece mucho a la relación entre la justicia que Dios nos dio a través de la fe y la practica real de justicia en nuestra vida diaria. Cuando nos hacemos cristianos a través de la fe, Dios nos declara justos. Sin embargo, todavía estamos llamados a ser activamente justos. Una persona que felizmente puede llevar una vida pecaminosa pone en duda, en primer lugar, si alguna vez poseyó la justicia de Cristo (ver Ro 6:1-18; 8:5-14; Stg 2:14-15). Así también, es con aquellos que se niegan a comprometerse a una iglesia local. Comprometerse a un cuerpo local es el resultado natural de estar en Cristo y confirma lo que Cristo ha hecho. Si en realidad no tienes ningún interés de comprometerte a un grupo de creyentes, hombres y mujeres que han hecho de la Biblia el fundamento de sus vidas, ¡cuestiónate si en verdad perteneces al cuerpo de Cristo! Pon atención cuidadosamente a lo que el autor de los Hebreos dice:

Mantengamos firme la profesión de nuestra esperanza sin vacilar, porque fiel es Aquel que prometió. Consideremos cómo estimularnos unos a otros al amor y a las buenas obras, no dejando de congregarnos, como algunos tienen por costumbre, sino exhortándonos unos a otros, y mucho más al ver que el día se acerca. Porque si continuamos pecando deliberadamente después de haber recibido el conocimiento de la verdad, ya no queda sacrificio alguno por los pecados, sino cierta horrenda expectación de juicio, y la furia de un fuego que ha de consumir a los adversarios.

Hebreos 10:23-27

Nuestro estado ante Dios, si es auténtico, se traducirá en nuestras decisiones diarias aun cuando el proceso sea lento y esté lleno de tropiezos. Verdaderamente, Dios transforma a Su pueblo. ¿No son esas buenas noticias? Así que, por favor amigo, no te complazcas con la vaga idea de que posees la justicia de Cristo si no estás persiguiendo una vida de justicia. Igualmente, no te engañes con la idea de que perteneces a la iglesia universal si no estás persiguiendo esa vida junto a una iglesia local.

Excepto en circunstancias muy raras, un cristiano verdadero construye su vida junto a la vida de otros creyentes a través de una comunión concreta con una iglesia local. Él sabe que todavía no ha "llegado" a la cúspide de la vida cristiana. A veces cae y tiene la necesidad de rendir cuentas y de ser instruido en ese cuerpo local de gente llamado iglesia. Y, al mismo tiempo, ellos lo necesitan.

Cuando nos reunimos para adorar a Dios y ejercitamos el amor y las buenas obras hacia los demás, demostramos en la vida real el hecho de que Dios nos ha reconciliado a nosotros consigo mismo y con los demás. Le demostramos al mundo que hemos sido transformados, principalmente no porque nos memorizamos versículos de la Biblia u oramos antes de la comida o damos una porción de nuestros ingresos y escuchamos estaciones de radio cristianas, sino porque mostramos cada vez más una disposición para tolerar, perdonar, y aun amar a un montón de compañeros pecadores.

Tú y yo no podemos demostrar amor, gozo, paz, paciencia o amabilidad, sentados en una isla por nuestra propia cuenta. No, nosotros lo demostramos cuando las personas con las que estamos comprometidas a amar nos dan buenas razones para no amarlas, pero lo hacemos de todos modos.

¿Lo puedes ver? Es ahí, en medio del grupo de pecadores que se han comprometido a amarse los unos a los otros, que el evangelio es demostrado. La iglesia nos da una representación visual del evangelio cuando perdonamos a los demás así como Cristo nos perdonó, cuando nos comprometemos hacia los demás, como Cristo se comprometió con nosotros, y cuando damos nuestras vidas por los demás, así como Cristo dio Su vida por nosotros.

Juntos podemos demostrar el evangelio de Jesucristo de una manera que no podríamos hacerlo en aislamiento.

A menudo yo escucho a cristianos hablar de sus diferentes dones espirituales. Sin embargo me pregunto ¿con qué frecuencia la gente considera el hecho de que Dios ha dado muchos dones precisamente para que esos dones puedan ser usados en respuesta al pecado de otros cristianos en la iglesia? Mis pecados te dan una oportunidad para ejercitar tus dones.

Así que, reúne a un grupo de hombres y mujeres, jóvenes y viejos, negros y blancos, asiáticos y africanos, ricos y pobres, educados y no educados, con todos sus diversos talentos, dones y pecados. Solo asegúrate que todos ellos sepan que son pecadores y que son salvos por gracia solamente. ¿Qué es lo que tienes? ¡Tú tienes los ingredientes para una iglesia!

Si tu meta es amar a todos los cristianos en todo el mundo, déjame sugerirte que trabajes en ello primeramente comprometiéndote a un grupo concreto de cristianos reales con todas sus debilidades y locuras. Comprométete a ellos a través de lo bueno y lo malo por ochenta años. Luego, regresa para que hablemos de cómo vas en tu proceso de amar a todos los cristianos del mundo.

RINDIENDO CUENTAS

Así que, ¿quién es responsable de pensar sobre las reuniones de la iglesia? ¿Son los pastores y los líderes de la iglesia? Definitivamente. ¿Qué acerca de todos los cristianos? Absolutamente. Ser un cristiano significa, preocuparse de la vida y salud del cuerpo de Cristo, la iglesia. Cristiano, esto significa preocuparse por lo que la iglesia es y lo que la iglesia debe ser porque tú perteneces a la iglesia.

En efecto, nosotros cuidamos de la iglesia porque es el cuerpo mismo de nuestro Salvador. ¿Te has dado cuenta de las palabras que usó Jesús con el perseguidor de cristianos llamado Saulo —luego llamado Pablo— cuando le confrontó camino a Damasco? "¿Saulo, Saulo, por qué me persigues?" (Hch 9:4). ¡Jesús se identificó tan estrechamente con Su Iglesia, que Él se refirió a ella como a Sí mismo! Cristiano, ¿te identificas a ti mismo con aquellos con los que el Salvador mismo se identificó? ¿Comparte tu corazón las pasiones de Su corazón?

Una carta me fue remitida hace poco tiempo. Era un pastor que expresaba su deseo de que los miembros de su iglesia pudieran conocer lo que una iglesia debe ser. Este humilde hombre quiere una iglesia que lo ayude a rendir cuentas conforme él los va guiando hacia la gracia y la piedad. Este pastor entiende el patrón del Nuevo Testamento. Él entiende que un día, Dios lo llamará a rendir cuentas por la forma en que ha pastoreado su congregación. Y, como un pastor fiel, quiere que todas las ovejas en su rebaño sepan que un día, ellos también van a ser llamados uno por uno a rendir cuentas de cómo se han amado los unos a los otros, y de cómo lo han amado a él.

Dios le va a preguntar a cada miembro del cuerpo: "¿Te regocijaste con los otros miembros del cuerpo cuando ellos se regocijaban? ¿Lloraste con los que lloraban? ¿Trataste a los más débiles como si fueran indispensables y trataste las partes que parecían menos dignas con decoro? ¿Diste doble honor a aquellos que te dirigieron y enseñaron?" (ver 1Co 12:22-26 y 1Ti 5:17).

Cristiano, ¿estás listo para el día en que Dios te va a llamar a rendir cuentas por cómo has amado y servido a la familia de la iglesia, incluyendo a los líderes? ¿Conoces lo que Dios dice acerca de cómo debe funcionar una iglesia?

Pastor, ¿has estado preparando tu rebaño para el día en que vayan a rendir cuentas, enseñándoles cómo la iglesia debe vivir? ¿Les has enseñado que ellos tendrán que rendir cuentas de si te aferraste o no al evangelio?

CAPÍTULO 2

LO QUE UNA IGLESIA ES... Y NO ES

En la introducción te pregunté qué es lo que buscas en una iglesia y qué es lo que la Biblia dice acerca de la vida de la iglesia, pero no te di las respuestas. Sin lugar a dudas, estas son preguntas difíciles porque los cristianos de hoy en día buscan toda clase de cosas en sus iglesias.

UNA CONVERSACIÓN CONFLICTIVA

Recuerdo una conversación que tuve durante mis estudios de posgrado con un amigo que trabajaba para un ministerio cristiano, pero que no estaba afiliado a ninguna iglesia. Él y yo visitamos la misma iglesia por un par de años, pero a pesar de que yo me hice miembro de la iglesia, él no. De hecho, él sólo asistía los domingos en la mañana y se escapaba durante el mismo, justo cuando el sermón estaba por comenzar.

Un día decidí preguntarle sobre esta actitud. Él dijo: "realmente no obtengo nada del resto del servicio".

Yo le pregunté: "¿alguna vez has pensado hacerte miembro de la iglesia?".

Él se sorprendió de mi pregunta y respondió: "¿Hacerme miembro de la iglesia? Honestamente no sé por qué tendría que hacer eso. Sé para qué estoy aquí, y esas personas sólo harían mi caminar muy lento y pesado.

Por lo que pude ver, él no decía esas palabras con desprecio sino con el celo genuino de un evangelista que no quería perder una hora del tiempo del Señor. Él había estado pensando sobre lo que buscaba en una iglesia, y en general no incluía a los demás miembros de la iglesia, por lo menos no de esa iglesia. Él quería un lugar donde pudiera escuchar un buen mensaje de la Palabra de Dios y así obtener lo que necesitaba para la semana.

Sus palabras daban vueltas en mi mente; "esas personas sólo harían mi caminar muy lento y pesado". Había algunas cosas que quería decirle, pero todo lo que dije fue: "¿Alguna vez has pensado que si te unes a esas personas, puede que te desanimen, pero también podrías ser de ánimo para ellos? ¿Has pensado que eso podría ser parte del plan de Dios para ellos y para ti?".

Yo también quisiera una iglesia donde pudiera escuchar un buen mensaje cada domingo, pero las palabras "Cuerpo de Cristo" significan más que eso, ¿no crees?

UN PUEBLO, NO UN LUGAR

La iglesia no es un lugar. No es un edificio. No es un punto de predicación. No es un proveedor de servicios espirituales. Es un pueblo —el nuevo pacto, un pueblo comprado a precio de sangre—. Por eso Pablo dijo que "Cristo amó a la iglesia y se dio Él mismo por ella" (Ef 5:25). Él no se entregó por un lugar si no por un pueblo.

Por eso es que la iglesia que pastoreo inicia sus reuniones de los domingos no diciendo "Bienvenidos a Capitol Hill Baptist Church", sino "Bienvenidos a la reunión de Capitol Hill Baptist Church". Somos personas que se reúnen. Sí, parece algo insignificante, pero con ello intentamos destacar una gran realidad aún con las palabras que usamos para dar la bienvenida a las personas.

Recordar que la iglesia es un pueblo nos debe ayudar a reconocer lo que es importante y lo que no. Sé que necesito esa ayuda de otros. Por ejemplo, tengo la tentación de permitir que algo como el estilo de música determine la manera en que percibo la iglesia. Después de todo, el estilo de música que la iglesia utiliza es una de las primeras cosas que destacamos sobre cualquier iglesia, y tendemos a responder a la música de una manera muy emocional. La música nos hacer sentir de una manera en particular. Ahora bien, ¿qué dice de mi amor por Cristo y el pueblo de Dios si decido dejar de asistir a la iglesia por su tipo de música? ¿O si cuando pastoreo una iglesia, margino a la mayoría de mi congregación porque pienso que el estilo de música necesita ser actualizado? Por lo menos podríamos decir que hemos olvidado que la iglesia es fundamentalmente un pueblo y no un lugar.

Al mismo tiempo, la Biblia nos enseña que los cristianos debemos preocuparnos por lo que sucede en la iglesia, por lo que la iglesia hace. De hecho, la última mitad de este libro está dedicada a ese tema.

¿De qué manera balanceamos estas dos cosas —cuidar a las personas y lo que hacen—? Si este fuera un libro sobre la edificación de familias cristianas, hablaríamos sobre hacer algunas cosas: cenar juntos, leer las Escrituras juntos, reír juntos, orar unos por otros, y así sucesivamente. Sin embargo, a lo largo de la discusión recordaríamos que los padres cometen errores y que los hijos también. La familia no es sólo una institución, es un grupo de personas.

Lo mismo sucede con la iglesia. ¿Existe alguna iglesia en particular que falla en cumplir tus expectativas en términos de lo que hace, como si cumple lo que la biblia dice sobre el liderazgo de la iglesia (un tema que trataremos más tarde)? Si es así, recuerda que este es un grupo de personas que se encuentra en un proceso de crecimiento en la gracia. Ámalos. Sírveles. Sé paciente con ellos. Una vez más, piensa en una familia. Cada vez que tus padres, hermanos o hijos fallan en cumplir tus expectativas ¿los alejas de la familia? Espero que los perdones y seas paciente con ellos. ¡Tal vez son tus expectativas sobre la iglesia que deben ser ajustadas! En este mismo tono, debemos preguntarnos si sabemos amar y perseverar con los miembros de la iglesia que tienen diferentes opiniones, que no cumplen nuestras expectativas o que pecan contra nosotros. (¿No hemos nosotros cometido algún pecado de tal manera que hemos necesitado ser perdonados?).

Claro, hay un límite. Hay algunas iglesias a las que pudieras no querer pertenecer, en las cuales no quisieras pastorear o permanecer. Volveremos a tocar esta pregunta en la sección que habla sobre las marcas esenciales de una iglesia. Por el momento, el principio básico sigue siendo el mismo: la iglesia es un pueblo. Y cualquier cosa que busquemos o digamos que debe ser la iglesia, debe estar fundamentado en este principio bíblico básico.

UN PUEBLO, NO UNA ESTADÍSTICA

Permítanme poner un obstáculo más en el camino al mal pensamiento acerca de la iglesia, un pensamiento común entre los pastores. La iglesia no es un lugar; tampoco es una estadística.

Cuando me gradué de la escuela recuerdo encontrar una carta de consejería escrita por John Brown, un pastor del siglo diecinueve, a uno de sus estudiantes que había sido ordenado para pastorear una congregación pequeña. En la carta Brown escribió:

> Conozco la vanidad de tu corazón y que te preocupas porque tu congregación es muy pequeña en comparación con aquellas de tus hermanos alrededor, pero te aseguro —y hablo con la experiencia de una anciano— que cuando vayas a rendir cuentas de ellos frente a Jesús en el Tribunal de Cristo pensarás que las ovejas que tuviste fueron suficientes.[1]

Al leer esto pensé en la congregación que Dios había puesto bajo mi responsabilidad y sentí el peso de esa responsabilidad que tenía delante de Dios. Me pregunté: ¿Deseo que la iglesia que pastoreo sea grande? ¿Deseo que sea popular o muy renombrada? ¿Deseo una iglesia que en cierta medida impresione?

¿Estoy motivado en alguna manera a sólo "soportar" o "tolerar" el grupo de personas que está frente mí, permanecer aquí y esperar oportunidades para hacer que la iglesia sea lo que siempre soñé? Tener ideas sobre el futuro de la iglesia no es malo, pero ¿están mis deseos llevándome a ser indiferente, aún a estar enojado, con los santos que me rodean actualmente?

---

1 James Hay and Henry Belfrage, *Memoir of the Rev. Alexander Waugh* (Edinburgh: William Oliphant and Son, 1839), 64-65.

¿O recordaré lo que está en juego para las almas, la mayoría ancianos, sentadas frente a mí los domingos en la mañana en un lugar lo suficientemente grande como para 800 personas? ¿Amaré y serviré a este grupo, aún si sus comités no bíblicos, y tradiciones anticuadas, y música no de mi preferencia se interpongan (lo digo de verdad) con mi idea de lo que es una iglesia? Y sé que no solamente los pastores "toleran" a las personas que están a su alrededor, permaneciendo ahí hasta que la iglesia se convierta en lo que ellos esperan. Algunos cristianos que no son pastores hacen lo mismo.

La iglesia es un pueblo, no un lugar o una estadística. Es un cuerpo unido en Aquel que es la cabeza. Es una familia unida por la adopción a través de Jesucristo.

Oro para que nosotros los pastores reconozcamos nuestra gran responsabilidad por los rebaños que Dios ha puesto bajo nuestro cuidado.

Pero también oro para que tú, cristiano, seas un anciano o un niño en la fe, reconozcas tu responsabilidad de amar, servir, animar y te sientas responsable del resto de tu familia de la iglesia. Si tienes hermanos de carne y sangre, confío que reconoces en qué se equivocó Caín cuando le dijo al Señor: "¿Soy yo acaso guardián de mi hermano?" (Gn 4:9). Pero aún más, espero que reconozcas, si aún no lo has hecho, que tu mayor responsabilidad son los hermanos y hermanas de tu familia de la iglesia.

Y había una multitud sentada alrededor de Él, y le dijeron: "Tu madre y Tus hermanos están afuera y te buscan". "¿Quiénes son Mi madre y Mis hermanos?", les dijo Jesús. Y mirando a los que estaban sentados en círculo alrededor de Él, dijo: "Aquí están Mi madre y Mis hermanos. Porque cualquiera que hace la voluntad de Dios, ese es Mi hermano, y hermana y madre".

Marcos 3:32-35

CAPÍTULO 3

LO QUE TODA IGLESIA DEBE ASPIRAR A SER: SANA

Si eres un padre cristiano, ¿qué es lo que deseas para tus hijos? Si eres un niño cristiano, ¿qué es lo que quieres para tu familia?

Probablemente quieres que tu familia sea definida mayormente por ciertos atributos como el amor, el gozo, la santidad, la unidad y la reverencia ante el Señor. Probablemente puedes pensar en una lista de cosas. Pero vamos a tratar de resumir todas esas cualidades con una palabra no muy emocionante: *sana*. Usted quiere una familia sana, una familia en la que unidos trabajan y viven y se aman de acuerdo al diseño de Dios para la familia. Es lo mismo para nuestras iglesias. Propongo que los cristianos deberían, ya sean pastores o miembros de la iglesia, aspirar a tener iglesias sanas.

Tal vez hay una palabra mejor que "sana" para describir lo que la iglesia debe ser. Después de todo, estamos hablando de gente que fueron comprados por la sangre del Hijo Eterno, el Rey de reyes y Señor de señores, ¿es "sana" la mejor característica que se me puede ocurrir? Sin embargo, me gusta la palabra *sana*, puesto que comunica la idea de un cuerpo que está viviendo y creciendo correctamente. Puede tener algunos problemas. No ha sido perfeccionada aún. Pero está en proceso. Está haciendo lo que debe hacer porque la Palabra de Dios la dirige.

A menudo le digo a mi congregación que cuando se trata de combatir el pecado en nuestras vidas, la diferencia entre cristianos y los que no son cristianos, *no es* que los cristianos no pecan y los que no son cristianos si lo hacen. La diferencia es el bando que tomamos en la batalla. Los cristianos toman el bando de Dios contra el pecado, mientras que los no cristianos toman el bando del pecado contra Dios. En otras palabras, un cristiano pecará, pero se tornará a Dios y a Su Palabra diciendo: "Ayúdame a luchar contra el pecado". Una persona que no es cristiano, aunque reconozca su pecado, responde: "Quiero mi pecado más que a Dios".

Una iglesia sana no es una iglesia perfecta y sin pecado que lo sabe y lo entiende todo. Más bien, es una iglesia que continuamente se esfuerza por tomar el lado de Dios en la batalla contra los malos deseos y engaños del mundo, nuestra carne y el diablo. Es una iglesia que busca continuamente conformarse a la Palabra de Dios.

Permítame darle una definición más precisa, y entonces veremos varios pasajes de la Escritura que apoyan esta definición: *Una iglesia sana es una congregación que refleja cada vez más el carácter de Dios como ha sido revelado en Su Palabra.*

Así que si un pastor me preguntara qué clase de iglesia yo le animaría a que aspire a tener, mi respuesta podría ser: "una iglesia sana, una que refleje cada vez más el carácter de Dios como se ha revelado en Su Palabra".

Y a ti, cristiano, ¿a qué tipo de iglesia podría yo animarte a unirte en la que puedas servir y en la que trabajes pacientemente? Una iglesia sana, una que refleje cada vez más el carácter de Dios como se ha revelado en Su Palabra.

Si estabas leyendo con cuidado, debiste darse cuenta que usé la palabra "podría". Dije "podría" por dos razones. En primer lugar, no quiero sugerir que esta es *la única* manera en la que podemos describir lo que deben ser las iglesias. Podemos utilizar diferentes descripciones para diversas ocasiones y propósitos. Un autor puede responder al legalismo o al libertinaje en las iglesias, y comenzar su declaración afirmando: "Lo más importante es que nuestras iglesias estén centradas en la cruz". Puedo decir "amén" a esa afirmación. O un autor podría responder a la falta del uso de las Escrituras en nuestras iglesias, en este caso haciendo un llamado a las iglesias a centrarse en la Biblia. Una vez más, yo diría "amén".

En segundo lugar, no quiero asumir que otra persona no pueda articular mejor lo que estoy tratando de mostrar. Simplemente, es la mejor manera que tengo en este momento para explicar lo que entiendo que es, a modo general, el principal objetivo bíblico al que debemos aspirar en las iglesias: reflejar el carácter de Dios como ha sido revelado en Su Palabra.

¿Qué cristiano no quiere que eso sea una realidad en su iglesia local?

TOTALMENTE EQUIPADO

Reflejar el carácter de Dios como ha sido revelado en Su Palabra significa naturalmente, que iniciemos con la Palabra de Dios. ¿Por qué debemos tornarnos hacia la Palabra, y no hacia "cualquier cosa que funcione" cuando vamos a determinar lo que nuestras iglesias deben *hacer* y *ser*? En la segunda carta a Timoteo, pastor de la iglesia en Éfeso, Pablo le dijo que la Biblia podía "equiparlo para toda buena obra" (2Ti 3:17). En otras palabras, no existen buenas obras para las cuales la Escritura no pueda equipar a Timoteo, o a nosotros. Si las iglesias piensan que deben hacer o ser algo que no se encuentra en la Palabra de Dios, no podríamos decir que la Escritura nos equipa "para toda buena obra", y Pablo estaba equivocado.

¿Estoy diciendo entonces, que no debemos utilizar los buenos cerebros que Dios nos ha dado? No es así, sólo digo que vamos a comenzar con la Escritura y luego veamos lo que encontramos.

Quiero mirar brevemente seis eventos en la trayectoria histórica de la Biblia, que nos ayudarán a demostrar que queremos iglesias que reflejen cada vez más el carácter de Dios, como ha sido revelado en Su Palabra. Como sabes, la Biblia en efecto cuenta una historia. Esta historia tiene un sin número de argumentos secundarios, pero todas estas tramas secundarias son parte de una gran historia principal. Nuestro objetivo aquí es ver si podemos discernir lo que Dios quiere para la iglesia en esta trayectoria histórica.

1. La creación

En Génesis, Dios creó las plantas y los animales "según su especie" (Gn 1:11-12, 21, 24-25). Cada manzana fue formada según el modelo de todas las demás manzanas, y cada cebra fue formada según el modelo de todas las demás cebras. Acerca de la humanidad, la Escritura dice: "Hagamos al hombre a Nuestra imagen, conforme a Nuestra semejanza" (Gn 1:26). El hombre no es creado según el modelo de todos los demás hombres. Cada hombre sigue el modelo de Dios. De manera única refleja o se parece a Dios.

Teniendo en cuenta que hemos sido los únicos creados a la imagen de Dios, los seres humanos somos *los únicos* que debemos reflejar a Dios y Su gloria ante el resto de la creación. Al igual que un hijo actúa como su padre y sigue los pasos profesionales de su padre (Gn 5:1ss.; Lc 3:38), el hombre está diseñado para *representar* el carácter de Dios y ejercer dominio sobre la creación: "y ejerza dominio sobre los peces del mar, sobre las aves del cielo, sobre los ganados, sobre toda la tierra, y sobre todo reptil que se arrastra sobre la tierra" (Gn 1:26).

2. La Caída

Pero el hombre decidió no representar el gobierno de Dios. Se rebeló contra su Creador y trabajó a favor de su propio gobierno. Por lo tanto, Dios le dio al hombre lo que pidió y lo expulsó de Su presencia. La culpabilidad moral del hombre significaba que ya no podría acercarse a Dios por sí mismo.

¿Conservaron los seres humanos la imagen de Dios en la caída? Sí, Génesis reafirma el hecho de que el hombre todavía está hecho a la "imagen" de Dios (5:1; 9:6). Sin embargo, tanto la imagen, como el reflejo están distorsionados. Podríamos decir que el espejo está doblado, así que se refleja una imagen falsa, como los espejos distorsionados de un carnaval. Aún en nuestro pecado reflejamos algo acerca de Dios, hay cosas verdaderas y falsas mezcladas entre sí. En el lenguaje de los teólogos, el hombre se hizo tanto "culpable" como "corrupto".

3. Israel

En Su misericordia, Dios tenía un plan para *salvar* y *usar* a un grupo de personas que llevarían a cabo los propósitos originales de la creación, la demostración de Su gloria. Le prometió a un hombre llamado Abram que él y su descendencia serían bendecidos. Ellos a su vez, serían bendición para todas las naciones (Gn 12:1-3). Los llamó una "nación santa" y un "reino de sacerdotes" (Ex 19:5-7), lo que significa que habían sido separados de manera especial para ser mediadores, o para reflejar el carácter y la gloria de Dios a las naciones mediante la obediencia a la ley que Él les dio (como se suponía que hiciera Adán). Muestren al mundo cómo soy, Dios le estaba diciendo a Israel. "Sean santos, porque Yo soy santo" (Lv 11:44; 19:2; 20:7).

Incluso llamó a esta nación Su "hijo", pues se espera que los hijos sigan los pasos de su padre (Ex 4:22-23). Y Él prometió que moraría junto con este hijo en la tierra que le estaba dando; una plataforma en la que la nación podría mostrar la gloria de Dios (1R 8:41-43).

Sin embargo, Dios también advirtió a este hijo que si no era obediente y mostraba Su carácter santo, le echaría fuera de la tierra. Haciendo el cuento corto, el hijo no obedeció, y Dios lo echó de Su presencia y de la tierra.

4. Cristo

Una de las principales lecciones del antiguo Israel es que los seres humanos caídos, por sí mismos, no pueden reflejar a Dios, incluso con las ventajas de tener toda la ley de Dios, la tierra de Dios, y la presencia de Dios. ¡Deberíamos humillarnos al leer la historia de Israel! Sólo Dios puede reflejar a Dios, y sólo Dios nos puede salvar del pecado y la muerte.

Así que Dios envió a Su único divino Hijo "haciéndose semejante a los hombres" (Fil 2:7). Este hijo amado, en quien el Padre se complace, se sometió totalmente al gobierno, o al reino de Dios.

Hizo lo que Adán no hizo, resistir la tentación de Satanás: "No solo de pan vivirá el hombre, sino de toda palabra que sale de la boca de Dios", le dijo al tentador durante el ayuno en el desierto (Mt 4:4).

E hizo lo que Israel no hizo. Vivió en su totalidad de acuerdo con la voluntad y la ley del Padre: "Que no hago nada por Mi cuenta, sino que hablo estas cosas como el Padre me enseñó" (Jn 8:28; ver también Jn 6:38; 12:49).

Este Hijo que reflejaba perfectamente a Su Padre pudo decir al discípulo Felipe: "El que me ha visto a Mí, ha visto al Padre" (Jn 14:9).

Como es el Padre, así el Hijo.

Mirando hacia atrás, los escritores de las epístolas del Nuevo Testamento se refieren a Él como la "imagen del Dios invisible" (Col 1:15) y "el resplandor de Su gloria, y la expresión exacta de Su naturaleza" (Heb 1:3). Como el último Adán y el nuevo Israel, Jesucristo redimió la imagen de Dios en el hombre.

Sin embargo, Cristo no solo reflejó la santidad gloriosa de Dios por la obediencia a la ley; Él mostró Su gloriosa misericordia y el amor de Dios al morir en la cruz por los pecadores, pagando la pena de culpa que se merecían (Jn 17:1-3). Este sacrificio sustitutorio es algo que el Antiguo Testamento señalaba desde el principio. Piense en los animales que fueron sacrificados para cubrir la desnudez de Adán y Eva después de haber pecado. Piense en cómo Dios proveyó un carnero en el matorral para Abraham e Isaac, salvando a Isaac. Piense en José, el hijo que fue sacrificado y enviado lejos por sus hermanos para que pudiera un día mediar por la nación. Piense en el pueblo de Israel marcando con la sangre de un cordero las puertas de sus casas, salvando así los primogénitos de Israel. Piense en familias de Israel, trayendo sus ofrendas por el pecado al patio del templo, poniendo sus manos sobre la cabeza de un animal y luego cortando su garganta: "la sangre derramada por el animal debe ser la mía". Piense en el sumo sacerdote entrando en el lugar santísimo una vez al año para ofrecer un sacrificio de expiación por todo el pueblo. Piense en la promesa del profeta Isaías: "Pero Él fue herido por nuestras transgresiones, molido por nuestras iniquidades. El castigo, por nuestra paz, cayó sobre Él, y por Sus heridas hemos sido sanados" (Is 53:5).

Todo esto, y mucho más, señalaba a Jesucristo, quien fue a la cruz como el Cordero del sacrificio de Dios. Como le dijo a Sus discípulos en el aposento alto, fue a ofrecer un "nuevo pacto en Su sangre" (ver Mt 26:28) para todos los que estaban dispuestos a arrepentirse y creer.

5. Iglesia

Nosotros, los que estábamos muertos en nuestros delitos y pecados fuimos hechos vivos al ser bautizados en la muerte y resurrección de Cristo. Así que Pablo declara: "Pues todos ustedes son hijos de Dios mediante la fe en Cristo Jesús. Porque todos los que fueron bautizados en Cristo, de Cristo se han revestido" (Ga 3:26-27). Y "porque ustedes son hijos, Dios ha enviado el Espíritu de Su Hijo a nuestros corazones, clamando: '¡Abba! ¡Padre!'. Por tanto, ya no eres siervo, sino hijo; y si hijo, también heredero por medio de Dios" (Ga 4:6-7).

¿Qué es lo que los muchos hijos de Dios deben hacer? ¡Hemos de mostrar en la tierra el *carácter* y la *semejanza*, la *imagen* y la *gloria* del Hijo y el Padre que están en el cielo! Jesús nos dice que seamos "pacificadores", ya que el Padre ha hecho la paz entre Él y nosotros por medio del sacrificio de Su Hijo (Mt 5:9).

Jesús nos dice que "amemos a nuestros enemigos", ya que nuestro Padre en el cielo nos ha amado, y una vez fuimos sus enemigos (Mt 5:44; Ro 5:8.).

Jesús dice "que se amen los unos a los otros", ya que Él dio su propia vida por amarnos y esto le mostrará al mundo cómo es Él (Jn 13:34-35).

Jesús oró para que "seamos uno", así como Él y el Padre son uno (Jn 17:20-23).

Jesús nos dice "sean perfectos", como nuestro Padre celestial es perfecto (Mt 5:48).

Jesús nos dice que seamos "pescadores de hombres" y que hagamos discípulos en todas las naciones (Mt 4:19; 28:19). Él nos envía como el Padre le ha enviado (Jn 20:21).

Como es el Padre, es el Hijo y son los hijos.

Lavados de los pecados por la obra de Cristo, y hechos una nueva creación, nacidos de nuevo por la obra del Espíritu, ahora somos Su pueblo y hemos empezado a recuperar la imagen perfecta de Dios. Cristo es las primicias (1Co 15:23). Él quitó el velo y abrió un camino para que la iglesia pueda contemplar la imagen del Padre una vez más (2Co 3:14, 16). Ahora contemplamos Su imagen por fe, y somos "transformados en la misma imagen de gloria en gloria" (2Co 3:18).

¿Quieres ver el propósito de Dios para la iglesia resumido en sólo dos versículos? Pablo declara,

De este modo, la infinita sabiduría de Dios puede ser dada a conocer ahora por medio de la iglesia a los principados y potestades en los lugares celestiales, conforme al propósito eterno que llevó a cabo en Cristo Jesús nuestro Señor.

Efesios 3:10-11

¿Cómo muestra la iglesia la multiforme sabiduría de Dios? Sólo un Dios que todo lo sabe podría idear una manera de reconciliar Su amor y Su justicia, mientras salva un pueblo pecador que se ha alejado de Él y los unos de los otros. Solo un Dios omnisciente podría idear una manera de convertir los corazones de piedra en corazones de carne que le amen y lo alaben. Que los poderes cósmicos en todo el universo miren y se maravillen.

6. Gloria

Podremos reflejar con mayor perfección Su imagen, cuando lo veamos en la perfección de Su gloria: "Pero sabemos que cuando Cristo se manifieste, seremos semejantes a Él, porque lo veremos como Él es" (1Jn 3:2). Santos como Él. Amorosos como Él. Unidos como Él. Este verso no nos promete que vamos a ser dioses. Mas bien, es la promesa de que nuestras almas brillarán intensamente con Su carácter y gloria, como espejos perfectos mirando hacia el sol.

¿Ha seguido la historia? Aquí está el resumen. Dios creó el mundo y la humanidad para mostrar la gloria de quién Él es. Adán y Eva, quienes debieron ser la imagen del carácter de Dios, no lo hicieron. Tampoco lo hizo el pueblo de Israel. Así que Dios envió a Su Hijo a la imagen de Su carácter santo y amoroso, para quitar la ira de Dios contra el pecado del mundo. En Cristo, Dios vino a mostrar a Dios. Y en Cristo, Dios vino a salvar. Ahora, a la iglesia se le ha concedido la vida de Cristo y el poder del Espíritu Santo, y está llamada a mostrar el carácter y la gloria de Dios a todo el universo, testificando en palabra y hecho de Su gran sabiduría y Su obra de salvación.

Amigo, ¿qué estás buscando en una iglesia? ¿Buena música? ¿Una atmósfera de actualidad? ¿Un servicio tradicional? ¿Qué tal:

un grupo de rebeldes absueltos de su culpa...
a quienes Dios quiere usar para mostrar Su gloria...
ante todos los ejércitos celestiales...
porque proclaman la verdad sobre Él...
y se parecen cada vez más a Él:
santos, amorosos, unidos?

CAPÍTULO 4

GUÍA BÁSICA: CÓMO REFLEJAR EL CARÁCTER DE DIOS

Confieso que no soy muy bueno en las cosas prácticas de la casa: construyendo libreros, cableando un sistema de sonido, averiguando la función de los botones de mi teléfono. Para mí, ni siquiera la mayoría de las guías sobre cómo hacer esas cosas son útiles. Muchas veces tengo que depender de la misericordia e ingenuidad de miembros de mi familia y amigos.

Estoy agradecido de que mi falta de habilidad en algunas de estas áreas prácticas no son impedimento para seguir las recomendaciones de la guía básica sobre cómo hacerlo —lo que la Biblia dice acerca de la manera en que la iglesia puede reflejar el glorioso carácter de Dios—. El principio básico es muy simple: debemos escuchar la Palabra de Dios y vivirla. Sólo dos pasos: escucharla y vivirla.

Cuando escuchamos y vivimos la Palabra de Dios, proyectamos y reflejamos el carácter y la gloria de Dios al igual que los embajadores de un rey.

O como un hijo. Imagínate un hijo cuyo padre hizo un viaje hacia un país distante y luego le escribió a su hijo una serie de cartas instruyéndole sobre cómo iba a representar el nombre de la familia y dirigir los negocios de la familia. Sin embargo, supongamos que el hijo nunca leyó las cartas de su padre. ¿Cómo este hijo aprendería a representar al padre y dirigir sus negocios? No podría. Y tampoco puede hacerlo la iglesia local que ignora la Palabra de Dios.

DOS CLASES DE PERSONAS

Desde que Adán fue echado del huerto por no obedecer la Palabra de Dios, toda la humanidad ha estado dividida en dos campos: aquellos que obedecen la Palabra de Dios y aquellos que no lo hacen. Noé lo hizo. Los constructores de Babel no lo hicieron. Abraham lo hizo. David lo hizo. La mayoría de los hijos de David no lo hicieron. Zaqueo lo hizo. Pilato no lo hizo. Pablo lo hizo. Los falsos súper apóstoles no lo hicieron.

Y así podemos seguir a través de la historia de la iglesia. Atanacio lo hizo. Ario no lo hizo. Lutero lo hizo. Roma no lo hizo. Machen lo hizo. Fosdick no lo hizo.

Ciertamente no pretendo tener una revelación divina infalible sobre este último grupo, pero la historia bíblica nos enseña que lo que separa al pueblo de Dios de los impostores y los no creyentes es que el pueblo de Dios escucha la Palabra de Dios y le presta atención. Los demás no.

Por esto Moisés hace un gran esfuerzo para comunicarse en el libro de Deuteronomio mientras está a la entrada de la tierra prometida con el pueblo de Israel por segunda vez. Él comienza recordándoles que Él estuvo allí anteriormente por cuarenta años con sus padres, y que sus padres no escucharon. Por lo tanto, Dios maldijo a sus padres haciéndoles morir en el desierto. Estos tres discursos, que se repiten a través de casi treinta capítulos, pueden ser resumidos de manera simple: "Escuchen. Oigan. Escriban. Recuerden lo que Dios ha dicho. Él fue quien los liberó **de la esclavitud de Egipto, ¡así que escúchenle!**". En el capítulo 30, Moisés trae el peso de todo lo que ha dicho que recibamos en un único mandato: "Escoge, pues, la vida" (v. 19).

El pueblo de Dios hallará vida única y exclusivamente a través de escuchar la Palabra de Dios y obedecerla. Es así de simple.

El mensaje de Dios para la iglesia del Nuevo Testamento no es diferente.

Él nos liberó de la esclavitud del pecado y de la muerte cuando escuchamos Su Palabra y creímos (Ro 10:17). Ahora escuchamos Su Palabra y la vivimos. Cuando escuchamos y vivimos lo que Él ha dicho, proyectamos cada vez más Su carácter y Su gloria.

Algunos podrían objetar: "Eso suena con un enfoque hacia el interior. ¿No está la iglesia llamada a estar enfocada hacia afuera, hacia las misiones? ¿Hacia el evangelismo?". Ciertamente, está llamada a esas cosas. Eso es parte de reflejar el carácter de Dios. "Vengan en pos de Mí" dijo Jesús: "y los haré pescadores de hombres" (Mt 4:19), o como Jesús dijo en otra parte: "Como el Padre me ha enviado, así también Yo los envío" (Jn 20:21). Cuando hacemos misiones y evangelismo y la obra del reino, lo hacemos conforme a lo que expresa la Palabra de Dios, en este caso conforme a lo que dice Mateo 4:19, Juan 20:21 y muchos otros pasajes más. No hacemos estas cosas porque algún teólogo pensó en ellas y porque estamos de acuerdo en que son una buena idea. Predicamos, evangelizamos y hacemos la obra del reino *porque Dios dijo en Su Palabra que hiciéramos estas cosas.*

Después de todo, la historia no está esencialmente dividida entre aquellos que evangelizan y aquellos que no lo hacen. Eso no es lo que *fundamentalmente* define la iglesia. La historia está dividida en dos grupos: aquellos que escuchan la Palabra de Dios y aquellos que no la escuchan.

Por eso es que **Mateo** relató lo que Jesús dijo a Satanás acerca del hombre viviendo "de toda palabra que sale de la boca de Dios" (Mt 4:4), así como las palabras finales de Jesús a Sus discípulos de hacer discípulos en todas las naciones, bautizándoles y "enseñándoles a guardar todo lo que les he mandado" (Mt 28:20).

Por eso es que **Marcos** relató la parábola de Jesús sobre la semilla que es plantada en cuatro diferentes tipos de terrenos, siendo la semilla la Palabra de Dios (Mr 4). Algunos la aceptarán. Algunos no la aceptarán.

Por eso es que **Lucas** se describió a sí mismo como un testigo y siervo de la Palabra (Lc 1:2), y relata la promesa de Jesús: "Dichosos los que oyen la palabra de Dios y la guardan" (Lc 11:28).

Por eso es que **Juan** relató las últimas palabras de Jesús a Pedro tres veces "apacienta Mis ovejas" (Jn 21:15-17). ¿Apacentarlas con qué? Con la Palabra de Dios.

Por eso es que, cuando la iglesia primitiva de los **Hechos** se reunía, ellos "se dedicaban continuamente a las enseñanzas de los apóstoles, a la comunión, al partimiento del pan y a la oración" (Hch 2:42).

Por eso es que Pablo le dijo a los **Romanos**: "Así que la fe viene del oír, y el oír, por la palabra de Cristo" (Ro 10:17).

Por eso es que él le dijo a los **Corintios** que "la palabra de la cruz" es "poder de Dios" para salvación (1Co 1:18), porque "agradó a Dios mediante la necedad de la predicación salvar a los que creen" (1Co 1:21). Y por eso es que más adelante el Apóstol le dijo a la misma iglesia que él no vendía la Palabra de Dios para beneficio o la distorsionaba, sino que manifestaba la verdad claramente para su beneficio eterno (2Co 2:17; 4:2).

Por eso es que él les dijo a los **Gálatas**: "Si alguien les anuncia un evangelio contrario al que recibieron, sea anatema" (Ga 1:9).

Por eso es que él les dijo a los **Efesios** que ellos estaban incluidos en Cristo cuando ellos escuchaban la palabra de verdad, el evangelio de su salvación (Ef 1:13). Él también les dijo que Dios "dio a algunos el ser apóstoles, a otros profetas, a otros evangelistas, a otros pastores y maestros, a fin de capacitar a los santos para la obra del ministerio, para la edificación del cuerpo de Cristo; hasta que todos lleguemos a la unidad de la fe y del pleno conocimiento del Hijo de Dios, a la condición de un hombre maduro, a la medida de la estatura de la plenitud de Cristo" (Ef 4:11-13).

Por eso es que él les dijo a los **Colosenses**: "Que la palabra de Cristo habite en abundancia en ustedes, con toda sabiduría enseñándose y amonestándose unos a otros con salmos, himnos y canciones espirituales, cantando a Dios con acción de gracias en sus corazones" (Col 3:16).

Por eso es que él les dijo a los **Filipenses** que, debido a sus cadenas, "la mayoría de los hermanos, confiando en el Señor por causa de mis prisiones, tienen mucho más valor para hablar la palabra de Dios sin temor" (Fil 1:14).

Por eso es que él les dijo a los **Tesalonicenses**: "Por esto también nosotros sin cesar damos gracias a Dios de que cuando recibieron la palabra de Dios que oyeron de nosotros, la aceptaron no como la palabra de hombres, sino como lo que realmente es, la palabra de Dios, la cual también hace su obra en ustedes los que creen" (1Ts 2:13), y porque más adelante él los instruyó: "Así que, hermanos, estén firmes y conserven las doctrinas que les fueron enseñadas, ya de palabra, ya por carta nuestra" (2Ts 2:15).

Por eso es que él le dijo a su discípulo **Timoteo** que los ancianos que se escogieran para la iglesia debían ser "aptos para enseñar", mientras que los diáconos que servían en su iglesia debían guardar "el misterio de la fe con limpia conciencia" (1Ti 3:2, 9). En una carta posterior, él le dijo a Timoteo que la descripción de su trabajo estaba centrada en una cosa básica:

> Predica la palabra. Insiste a tiempo y fuera de tiempo. Amonesta, reprende, exhorta con mucha paciencia e instrucción. Porque vendrá tiempo cuando no soportarán la sana doctrina, sino que teniendo comezón de oídos, conforme a sus propios deseos, acumularán para sí maestros, y apartarán sus oídos de la verdad, y se volverán a los mitos.
>
> **2 Timoteo 4:2-4**

Por eso es que él se regocijaba con **Tito** de que Dios había manifestado "Su palabra por la predicación que me fue confiada, conforme al mandamiento de Dios nuestro Salvador" (Tit 1:3).

Por eso es que Pablo exhortó a **Filemón** a activamente compartir su "fe", la palabra "fe" se refiere no a un estado emocionalmente subjetivo sino a un definido conjunto de creencias (Flm 6).

Por eso es que el autor de **Hebreos** advirtió: "Porque la palabra de Dios es viva y eficaz, y más cortante que cualquier espada de dos filos. Penetra hasta la división del alma y del espíritu, de las coyunturas y los tuétanos, y es poderosa para discernir los pensamientos y las intenciones del corazón" (Heb 4:12).

Por eso es que **Santiago** les recordó a sus lectores que Dios "de Su voluntad, Él nos hizo nacer por la palabra de verdad, para que fuéramos las primicias de Sus criaturas". De manera que seamos "hacedores de la palabra y no solamente oidores que se engañan a sí mismos" (Stg 1:18, 22).

Por eso es que **Pedro** les recordó a los santos dispersados por varias regiones que ellos son renacidos "no de una simiente corruptible, sino de una que es incorruptible, es decir, mediante la palabra de Dios que vive y permanece" (1P 1:23), y que "la Palabra del Señor permanece para siempre" (1:25). Es también por lo cual él dijo en una segunda carta: "Ante todo sepan esto, que ninguna profecía de la Escritura es asunto de interpretación personal, pues ninguna profecía fue dada jamás por un acto de voluntad humana, sino que hombres inspirados por el Espíritu Santo hablaron de parte de Dios" (2P 1:20-21).

Por eso es que **Juan** escribió: "Pero el que guarda Su palabra, en él verdaderamente se ha perfeccionado el amor de Dios. En esto sabemos que estamos en Él. El que dice que permanece en Él, debe andar como Él anduvo" (1Jn 2:5-6); y por eso Él dijo: "Y este es el amor: que andemos conforme a Sus mandamientos. Este es el mandamiento tal como lo han oído desde el principio, para que ustedes anden en Él" (2Jn 6); y por eso él declaró que tenía gran gozo en escuchar que sus hijos caminan en la verdad (3Jn 4).

Por eso es que **Judas** pasó casi toda su carta advirtiendo a sus lectores sobre los falsos maestros (Jud 4-16), y prometiendo que el Señor viene "para ejecutar juicio sobre todos, y para condenar a todos los impíos de todas sus obras de impiedad, que han hecho impíamente, y de todas las cosas ofensivas que pecadores impíos dijeron contra Él" (Jud 15).

Y por eso es que Juan, en el libro de **Apocalipsis**, elogió a la iglesia de Filadelfia: "Yo conozco tus obras. Por tanto he puesto delante de ti una puerta abierta que nadie puede cerrar. Aunque tienes poco poder, has guardado Mi palabra y no has negado Mi nombre" (Ap 3:8).

Amigo, la iglesia encuentra su vida conforme escucha la Palabra de Dios. La iglesia encuentra su propósito conforme vive y refleja la Palabra de Dios. La labor de la iglesia es escuchar y luego imitar. Eso es todo. El reto principal que las iglesias enfrentan hoy en día no es averiguar cómo ser "relevante" o "estratégica" o "sensible" o aún "deliberada." Es averiguar cómo ser fiel, cómo escuchar, cómo confiar en y obedecer la Palabra de Dios.

En este sentido, somos como el pueblo de Israel preparándose para entrar a la Tierra Prometida. Dios nos dice: "Escucha, iglesia: ¡sigue!" Las buenas nuevas es que tenemos, a diferencia del Israel étnico, toda la revelación de Dios en Jesucristo. Y tenemos el Espíritu de Su Hijo, el sello y la promesa de nuestra redención. Todo esto es por lo que queremos seguir escuchando a medida que entramos en la segunda mitad de este libro. ¿Qué más Dios tiene que enseñarnos en Su Palabra sobre una iglesia saludable? Las nueve marcas de una iglesia saludable que ahora vamos a discutir no son, espero, sólo ideas mías. Son mi intento de inspirarnos a *todos nosotros* a mantenernos escuchando. Vean la tabla de contenido que está al principio y se darán cuenta de lo que digo: predicación expositiva (o bíblica), teología *bíblica*, un conocimiento *bíblico* de las buenas nuevas, un conocimiento *bíblico* de la conversión, un conocimiento *bíblico* de la membresía de la iglesia, una disciplina de iglesia *bíblica*, y así sucesivamente.

Aún si no estás de acuerdo con algunas de las cosas que menciono en los siguientes capítulos, espero que no estés de acuerdo porque piensas que la Biblia dice algo diferente a lo que pienso que dice. En otras palabras, espero que también permitas que el escuchar Su Palabra dirija lo que piensas sobre lo que la iglesia local debe ser y hacer.

SI ESTÁS PENSANDO SALIR DE TU IGLESIA

Antes de decidir dejarla

1. Ora.
2. Deja que tu pastor sepa lo que piensas antes de que te mudes a otra iglesia o te reubiques en otra ciudad. Pide su consejo.
3. Pesa tus motivos. ¿Tu deseo de dejar tu iglesia es por causa de un conflicto o desilusión personal? ¿Es este deseo pecaminoso? ¿Es por razones doctrinales? ¿Son estos asuntos doctrinales de primera importancia?
4. Haz todo lo posible para reconciliar cualquier relación rota.
5. Asegúrate de considerar todas las "evidencia de la gracia" que hayas visto en la vida de la iglesia—lugares

donde la obra de Dios es evidente. Si no puedes ver ninguna evidencia de la gracia de Dios, deberías examinar tu propio corazón (Mt 7:3-5).

6. Sé humilde. Reconoce que no tienes toda la información de tu iglesia o tu situación y asegúrate de que evalúas a las personas y las circunstancias con caridad (dales el beneficio de la duda).

Si decides irte

1. No dividas el cuerpo.

2. Toma las debidas precauciones para no sembrar discordia entre tus más cercanos amigos. Recuerda, no quieres impedir en nada su crecimiento en la gracia en esta iglesia. Niégate a cualquier deseo de chismear (a veces disfrazado en frases como "desahogarse" o "decir cómo te sientes").

3. Ora por y bendice a la congregación y a su liderazgo. Busca maneras prácticas de hacerlo.

4. Si ha habido heridas, perdona —tal como tú mismo has sido perdonado—.

PARTE 2

MARCAS ESENCIALES DE UNA IGLESIA SANA

Hemos decidido que queremos iglesias sanas. Queremos congregaciones de personas que reflejen cada día más el carácter de Dios como ha sido revelado en Su Palabra. No importa si las iglesias son grandes. No importa si son pequeñas. No importa si son urbanas o rurales, tradicionales o contemporáneas. No importa que se reúnan en casas, edificios, escuelas o en tiendas. Solamente que desplieguen al mundo cómo es nuestro santo y amoroso Dios. Que estas iglesias testifiquen de la maravillosa gloria de Dios de palabra y de hecho.

La pregunta que debemos considerar ahora es la siguiente: "¿qué marca una iglesia sana?".

Si estuviéramos hablando de mantener un cuerpo físico saludable, la conversación tendría que dirigirse a comer una dieta balanceada, ejercitarse, dormir suficiente, etc. ¿Qué del cuerpo de la iglesia?

En esta sección y en la siguiente explicaré nueve marcas de una iglesia sana. Estas marcas no son todo lo que se puede decir acerca de la iglesia. Incluso, estas marcas no son necesariamente las cosas más importantes acerca de una iglesia. Por ejemplo, el bautismo y la comunión son aspectos esenciales de una iglesia bíblica. Esto te lo pueden confirmar los estudiosos de la historia de la iglesia. Sin embargo, estas prácticas no son discutidas aquí. Esto se debe a que, virtualmente, toda iglesia por lo menos hace el intento de llevarlas a cabo. Los nueve atributos que a continuación discutiremos son marcas que distinguen una iglesia sólida, sana y bíblica de sus hermanas más enfermizas. Estas nueve marcas reciben poca atención hoy en día y, por lo tanto, hay una necesidad especial de traerlas al centro de atención y de ser cultivadas en nuestras iglesias.

En esta sección describiré lo que llamo las tres marcas *esenciales* de una iglesia saludable. Las marcas esenciales son, en todo sentido, esenciales. Quita la predicación expositiva, la teología bíblica y un entendimiento bíblico del evangelio y verás la salud de esa iglesia declinar rápida y radicalmente. De hecho, espera que esa iglesia muera pronto (aunque sus puertas técnicamente continúen abiertas).

Tristemente, la historia de la iglesia está llena con incontables ejemplos de pastores quienes, posiblemente con buenas intenciones, se esforzaron por hacer de sus iglesias más "relevantes" o "a la moda" comprometiendo una de estas tres marcas. En cierto modo, intentaron ser más sabios que Dios. Amigo, no sigas su ejemplo.

Si un hombre me llama para preguntarme si acepta o no un pastorado donde la iglesia no quiere que predique expositivamente, probablemente le desanimaría aceptar esa posición. Si una cristiana me llama y me dice que un falso evangelio está siendo constantemente enseñado desde el púlpito de su iglesia, posiblemente le animaría a considerar cambiar de iglesia.

¿Por qué soy tan fuerte en este punto? Por la misma razón que desanimaría a alguien a ir a un restaurante donde no sirven comida, sino solo fotografías de comida. ¡La Palabra de Dios, y solamente la Palabra de Dios, da vida!

CAPÍTULO 5

UNA MARCA ESENCIAL DE UNA IGLESIA SANA: PREDICACIÓN EXPOSITIVA

Si una iglesia sana es una congregación en la que se muestra cada vez más el carácter de Dios tal y como ese carácter ha sido revelado en Su Palabra, el lugar más obvio para comenzar a edificar una iglesia sana es llamar a los cristianos a oír la Palabra de Dios. La Palabra de Dios es la fuente de toda vida y salud. Es lo que alimenta, desarrolla y conserva la comprensión que tiene una iglesia del evangelio mismo.

LO QUE ES

Fundamentalmente, esto significa que tanto los pastores como las congregaciones deben comprometerse con la predicación expositiva. La predicación expositiva es el tipo de predicación que, simplemente, expone la Palabra de Dios. Toma un pasaje particular de la Escritura, lo explica y luego aplica el significado del pasaje a la vida de la congregación. Es el tipo de predicación más orientado para llegar a lo que Dios dice a Su pueblo, así como a aquellos que no son Su pueblo. Un compromiso con la predicación expositiva es un compromiso con oír la Palabra de Dios.

Hay muchos otros tipos de predicación. La predicación temática, por ejemplo, recoge uno o más textos bíblicos acerca de un tema en particular, como por ejemplo el tema de la oración o el tema de dar. La predicación biográfica toma la vida de alguien en la Biblia y retrata la vida del individuo como una muestra de la gracia de Dios y como un ejemplo de esperanza y fidelidad. Y estos otros tipos de predicación pueden emplearse útilmente en ocasiones. Pero la dieta regular de la iglesia debe consistir en la explicación y la aplicación de porciones de la Palabra de Dios.

La práctica de la predicación expositiva asume la creencia de que lo que Dios dice es autoritativo para Su pueblo. Asume que Su pueblo debería oír y necesita oír Su Palabra. Si quitas la Palabra privas a nuestras congregaciones de lo que Dios pretende usar para moldearnos a Su imagen. La práctica de la predicación expositiva también asume que la intención de Dios es que la iglesia aprenda de ambos Testamentos, así como de todos los géneros de la Escritura: ley, historia, sabiduría, profecía, los

Evangelios y las Epístolas. Un predicador expositivo que predica a través de los libros de la Biblia y que regularmente rota entre los diferentes Testamentos y géneros de la Escritura, creo yo, es como una madre que sirve comida a sus niños de cada tipo de alimentos, no solo de sus dos o tres comidas favoritas.

La autoridad de un predicador expositivo comienza y termina con la Escritura. Así como a los profetas del Antiguo Testamento y a los apóstoles del Nuevo Testamento no solo les fue dada una comisión para ir y hablar, sino que también para dar un mensaje en particular, los predicadores cristianos de hoy tienen autoridad para hablar de parte de Dios siempre y cuando hablen las palabras de Dios.

LO QUE NO ES
Alguien puede felizmente profesar que la Palabra de Dios tiene autoridad y que la Biblia es inerrante. Sin embargo, si esa persona en la práctica — intencionalmente o no — no predica expositivamente, niega su propia afirmación.

A veces la gente confunde la predicación expositiva con el estilo particular de un predicador expositivo que han escuchado. Pero la predicación expositiva no es fundamentalmente una cuestión de estilo. Como otros han observado, la predicación expositiva no se trata tanto de cómo un predicador dice lo que dice, sino de cómo un predicador decide qué decir. ¿Es la Escritura la que determina nuestro contenido o es algo más? La predicación expositiva no está marcada por una forma o estilo particular. Los estilos variarán. En cambio, está marcada por un contenido bíblico.

A veces la gente confunde la predicación expositiva con leer un versículo y luego predicar acerca de un tema vagamente relacionado con ese versículo. Sin embargo, cuando un predicador exhorta a una congregación sobre un tema de su elección, utilizando textos bíblicos solo para respaldar su punto de vista, nunca predicará más de lo que ya sabe. Y la congregación solo aprenderá lo que el predicador ya sabe. La predicación expositiva requiere más que esto. Se requiere una cuidadosa atención al contexto de un pasaje, ya que tiene como objetivo hacer que el mensaje principal del texto bíblico sea el mensaje principal del sermón. Cuando un predicador exhorta a una congregación predicando un pasaje de la Escritura en contexto —en el que el tema del pasaje es el tema de su sermón— tanto él como la congregación van a terminar escuchando cosas de Dios que el predicador no tenía intención de decir cuando se sentó a estudiar y a prepararse para el sermón por primera vez. ("La semana que viene, vamos a ver Lucas 1 y lo que sea que Dios tenga para nosotros en Lucas 1. La semana siguiente, vamos a ver Lucas 2 y lo que sea que Dios tenga para nosotros en Lucas 2. La semana después de esa...").

Esto debería tener sentido cuando pensamos en cada paso de nuestras vidas cristianas, desde nuestro primer llamado al arrepentimiento hasta la más reciente obra de convicción del Espíritu. Cada paso de crecimiento en la gracia, ¿no ha tenido lugar cuando oímos de Dios de maneras que no habíamos oído antes?

El ministerio de un predicador debe caracterizarse por esta forma práctica de sumisión a la Palabra de Dios. No obstante, no nos engañemos: es finalmente la responsabilidad de la congregación asegurarse de que esto sea llevado a cabo por sus predicadores. Jesús, en Mateo 18, asume que las congregaciones tienen la responsabilidad final de lo que sucede en una iglesia, al igual que lo hace Pablo en Gálatas 1. Una iglesia, por tanto, nunca debe dar a una persona la supervisión espiritual sobre el cuerpo si tal persona no muestra un compromiso práctico con oír y enseñar la Palabra de Dios. Cuando lo hace, dificulta su crecimiento, lo que garantiza que no va a madurar más allá del nivel del pastor. La iglesia lentamente será conformada a la imagen del pastor, en lugar de a la imagen de Dios.

LA FORMA EN QUE DIOS SIEMPRE OBRA

El pueblo de Dios siempre ha sido creado por la Palabra de Dios. Desde la creación en Génesis 1 al llamado de Abram en Génesis 12, desde la visión del valle de los huesos secos en Ezequiel 37 hasta la venida de la Palabra viva, Jesucristo; Dios siempre ha creado a Su pueblo por Su Palabra. Como escribió Pablo a los Romanos: "Así que la fe viene del oír, y el oír, por la palabra de Cristo" (Ro 10:17). O, como escribió a los Corintios: "Pues ya que en la sabiduría de Dios, el mundo no conoció a Dios por medio de su propia sabiduría, agradó a Dios mediante la necedad de la predicación salvar a los que creen" (1Co 1:21).

La predicación expositiva sana es a menudo la fuente del verdadero crecimiento en una iglesia. Martín Lutero vio que atender cuidadosamente a la Palabra de Dios supuso el inicio de la Reforma. Nosotros, también, debemos comprometernos a ver nuestras iglesias reformándose siempre por la Palabra de Dios.

DE VUELTA AL CORAZÓN DE LA ADORACIÓN

Durante un seminario de un día acerca del puritanismo que enseñé en una iglesia en Londres, resalté en un momento determinado que los sermones puritanos duraban, a veces, dos horas. Un miembro de la clase jadeó audiblemente y preguntó: "¿Qué tiempo quedó para la adoración?". Claramente, esta persona asumió que oír la Palabra de Dios predicada no era adoración. Le respondí que muchos protestantes ingleses en siglos anteriores creían que la parte más esencial de su adoración consistía en oír la Palabra de Dios en su propio idioma —una libertad comprada por la sangre de más de un mártir— y responder a ella en sus vidas. Que tuvieran tiempo para cantar era, aunque no del todo insignificante, comparativamente de poca preocupación para ellos.

Nuestras iglesias también deben recuperar la centralidad de la Palabra en nuestra adoración. La música es una respuesta bíblicamente requerida a la Palabra de Dios, pero la música que Dios nos dio no fue dada como base sobre la cual edificar nuestras iglesias. Una iglesia fundamentada en la música —de cualquier estilo— es una iglesia edificada sobre arenas movedizas.

Cristiano, ora por tu pastor; para que él se comprometa a estudiar la Escritura con rigor, con cuidado y con seriedad. Ora para que Dios le guíe a entender la Palabra, para aplicarla a su propia vida y para aplicarla con sabiduría a la vida de la iglesia (ver Lc 24:27; Hch 6:4; Ef 6:19-20). También, concede tiempo a tu pastor durante la semana para que prepare buenos sermones. La predicación es el componente fundamental del pastorado. Entonces, dale palabras de aliento diciéndole de qué forma su fidelidad a la Palabra te ha hecho crecer en la gracia de Dios.

Pastor, ora por estas cosas para ti mismo. Ora también por otras iglesias de tu barrio, ciudad, país, y de todo el mundo, para que prediquen y enseñen la Palabra de Dios. Finalmente, ora para que nuestras iglesias se comprometan a oír la Palabra de Dios predicada expositivamente, para que el plan de cada iglesia sea moldeado cada vez más por el plan de Dios en la Escritura. El compromiso con la predicación expositiva es una marca esencial de una iglesia sana.

CAPÍTULO 6

UNA MARCA ESENCIAL DE UNA IGLESIA SANA: TEOLOGÍA BÍBLICA

¿Qué piensas que significan las palabras en cursiva: "Pero sabemos que cuando Cristo se manifieste, *seremos semejantes a Él*, porque lo veremos como Él es" (1Jn 3:2)?

Si leíste con cuidado todo el relato de la historia bíblica presentado en el capítulo 3, probablemente sabes que estas palabras indican cómo, al final de los tiempos, la iglesia reflejará puramente el carácter amante y santo de Dios sin la influencia distorsionadora del pecado. Sin embargo, si estuvieras sentado en un tabernáculo mormón, escucharías que las palabras "seremos semejantes a Él" ¡significan que nos convertiremos en dioses! ¿Cuál es la diferencia entre estas dos interpretaciones? Una está informada por la teología de toda la Biblia, la otra no.

Ya he argumentado en diferentes lugares que la predicación expositiva es esencial para la salud de una iglesia. Sin embargo todo método de predicación, por bueno que sea, está expuesto al abuso. Nuestras iglesias no sólo deberían estar interesadas en cómo se nos enseña, sino también en qué se nos enseña. Esta es la razón por la que una marca esencial de una iglesia sana es la teología bíblica sana, o una teología que sea bíblica. Si esto no es así, interpretaremos los versículos individualmente como si significaran cualquier cosa que nosotros queramos que signifiquen.

SANA

La palabra "sana" relacionada con la doctrina es una palabra pasada de moda. Sin embargo deberíamos amar la salud —salud en nuestro entendimiento del Dios de la Biblia y de Sus planes con nosotros—. Pablo usa la palabra "sana" en una serie de ocasiones en sus escritos pastorales a Timoteo y a Tito. Significa "fiable", "precisa" o "fiel". En su raíz, es una imagen del mundo de la medicina que significa sano o saludable. Por lo tanto, la teología bíblicamente sana, es la teología que es fiel a la enseñanza de la Biblia entera. Interpreta de manera fiel y precisa las partes en términos del todo.

En su primera carta a Timoteo, Pablo dice que la "sana doctrina" es la doctrina que se conforma al evangelio y se opone a la impiedad y el pecado (1Ti 1:10-11). Más adelante, contrasta las falsas doctrinas con "la doctrina que es conforme a la piedad" (1Ti 6:3).

En su segunda carta a Timoteo, Pablo lo exhorta: "Retén la norma de las sanas palabras que has oído de mí, en la fe y el amor en Cristo Jesús" (2Ti 1:13). Luego advierte a Timoteo que "vendrá tiempo cuando no soportarán la sana doctrina, sino que teniendo comezón de oídos, conforme a sus propios deseos, acumularán para sí maestros" (2Ti 4:3).

Cuando Pablo le escribe a otro joven pastor llamado Tito, comparte unas preocupaciones similares. Todo hombre al que Tito estableciera como anciano de una iglesia, dice Pablo, "debe retener la palabra fiel que es conforme a la enseñanza, para que sea capaz también de exhortar con sana doctrina y refutar a los que contradicen" (Tit 1:9). Los falsos maestros deben ser reprendidos a fin de "que sean sanos en la fe" (Tit 1:13). Y, finalmente, Tito debe predicar "lo que está de acuerdo con la sana doctrina" (Tit 2:1).

Los pastores deberían enseñar sana doctrina —doctrina que sea fiable, precisa y fiel a la Biblia— y las iglesias son responsables de hacer que sus pastores enseñen con fidelidad la sana doctrina.

UNIDAD, DIVERSIDAD, Y MISERICORDIA

Aquí no podemos exponer todo lo que constituye la sana doctrina puesto que eso requeriría que reprodujéramos toda la Biblia. Pero en la práctica, cada iglesia decide dónde requiere un acuerdo completo, dónde permite un desacuerdo limitado y dónde permite libertad completa.

En la iglesia en la que yo ministro en Washington, DC, requerimos de cada miembro que crea en la salvación solamente por medio de la obra de Jesucristo. También confesamos los mismos (o muy semejantes) entendimientos del bautismo de creyentes y de la estructura de la iglesia (es decir, quién tiene la última palabra en las decisiones). Estar de acuerdo sobre el bautismo y la estructura de la iglesia no son asuntos esenciales para la salvación, pero son útiles de manera práctica y saludables para la vida de la iglesia.

Por otro lado, nuestra iglesia permite algún tipo de desacuerdo sobre asuntos que no son necesarios ni para la salvación ni para la vida práctica de la iglesia. Todos estamos de acuerdo en que Cristo vendrá de nuevo, pero existe un abanico de opiniones sobre el momento de Su regreso.

Finalmente, nuestra iglesia permite plena libertad en asuntos menos centrales o claros, tales como el uso de las armas o el asunto de quién escribió el libro de Hebreos.

Hay un principio que impregna todo esto: cuanto más nos acercamos al corazón de nuestra fe, más esperamos unidad en nuestro entendimiento de la fe en la doctrina bíblica sana. La iglesia primitiva lo ponía de esta manera: en las cosas esenciales, unidad; en las no esenciales, diversidad; en todas las cosas, misericordia.

DOCTRINAS COMPLEJAS O CONTROVERTIDAS

Una iglesia que está comprometida con la sana enseñanza estará comprometida con la enseñanza de las doctrinas bíblicas que las iglesias descuidan con frecuencia. A nuestros ojos, ciertas doctrinas pueden parecer difíciles o incluso divisivas. Sin embargo, podemos confiar en que Dios las ha incluido en Su Palabra porque son fundamentales para nuestro entendimiento de Su obra de salvación.

El Espíritu Santo no es tonto. Si Él ha revelado algo en Su Libro para que todo el mundo lo lea, las iglesias no deberían pensar de sí mismas que son tan sabias que lo mejor que pueden hacer es evitar ciertos asuntos. ¿Deberían ejercer sabiduría pastoral y tener cuidado cuando hablan de ciertas cosas? Sin duda. ¿Deberían evitar ciertas cosas de manera absoluta? Definitivamente no. Si queremos iglesias que estén guiadas por la sana doctrina de la Biblia, debemos estar de acuerdo con la Biblia entera.

La doctrina bíblica de la elección, por ejemplo, muchas veces se evita con el argumento de ser una doctrina demasiado compleja o demasiado complicada. Sea como sea, la doctrina es innegablemente bíblica. Aunque no podamos entender todo sobre la elección, no es un asunto pequeño que nuestra salvación en último término emana de Dios y no de nosotros mismos. Hay una serie de preguntas importantes que la Biblia responde pero que la iglesia comúnmente descuida, tales como:

- ¿Las personas son básicamente buenas o malas? ¿Lo único que necesitan es ánimo y autoestima, o necesitan perdón y una vida nueva?
- ¿Qué hizo Jesús al morir en la cruz? ¿Satisfizo realmente y de manera efectiva la ira justa del Padre, o simplemente sentó un ejemplo de auto-sacrificio para Sus seguidores?
- ¿Qué es lo que sucede cuando una persona se convierte en cristiana?
- Si somos cristianos, ¿podemos estar seguros de que Dios continuará cuidándonos? Si esto es así, ¿Su cuidado continuo está basado en nuestra fidelidad o en la Suya?

Todas estas preguntas no son sólo para los teólogos profesionales ni para los jóvenes estudiantes de seminario. Son importantes para todo cristiano. Aquellos de nosotros que somos pastores sabemos con cuanta diferencia pastorearíamos a nuestra gente si nuestra respuesta a cualquiera de las preguntas anteriores cambiara. La fidelidad a la Escritura demanda que hablemos sobre estos asuntos con claridad y autoridad, como lo hace nuestro deseo de exhibir el carácter de Dios en toda su plenitud.

Considera esto: Si queremos iglesias que exhiban el carácter de Dios, ¿no quisiéramos conocer todo lo que Él ha revelado sobre Sí mismo en la Biblia? Si no lo hacemos, ¿qué dice ello de nuestra opinión sobre Su carácter?

RESISTIR LA SOBERANÍA DE DIOS

Nuestro entendimiento de lo que la Biblia enseña sobre Dios es crucial. El Dios bíblico es Creador y Señor. Sin embargo algunas veces se niega Su soberanía, incluso dentro de la iglesia. Cuando las personas que se confiesan cristianas resisten la idea de la soberanía de Dios en la creación o en la salvación, realmente están jugando con un paganismo religioso. Los cristianos tendrán preguntas honradas sobre la soberanía de Dios. Pero una negación sostenida y tenaz de la soberanía de Dios debería preocuparnos. Bautizar a una persona así sería bautizar un corazón que continúa, de alguna manera, en la incredulidad. Admitir a una persona así en la membresía podría significar tratar a ese individuo como si confiara en Dios cuando, de hecho, no lo está haciendo.

Tal resistencia es peligrosa para cualquier cristiano, pero es incluso más peligrosa en el líder de una congregación. Cuando una iglesia designa a un líder que duda de la soberanía de Dios o que malinterpreta la enseñanza de la Biblia, esa iglesia pone como su ejemplo a una persona que puede estar profundamente indispuesta a confiar en Dios. Y esto está destinado a estorbar el crecimiento de esa iglesia.

En nuestros días, con demasiada frecuencia, la cultura consumista y materialista que nos rodea anima a las iglesias a entender la obra del Espíritu en términos de mercadotecnia y convierten el evangelismo en publicidad. A Dios mismo se le hace conforme a la imagen del hombre. En esas ocasiones, una iglesia sana debe tener especial cuidado en orar para que sus líderes tengan una comprensión bíblica y experimental de la soberanía de Dios. También deberían orar para que sus líderes permanezcan completamente comprometidos con la sana doctrina en su gloria plena y bíblica. Una iglesia sana está caracterizada por la predicación expositiva y por una teología que es bíblica.

CAPÍTULO 7

UNA MARCA ESENCIAL DE UNA IGLESIA SANA: UN ENTENDIMIENTO BÍBLICO DE LAS BUENAS NUEVAS

Es muy importante para nuestras iglesias tener una sólida teología bíblica en un área especial: en la comprensión de las buenas nuevas de Jesucristo. El evangelio es el corazón del cristianismo y, por lo tanto, debe estar en el corazón de nuestras iglesias.

Una iglesia sana es una iglesia en la que todos los miembros, jóvenes y viejos, maduros e inmaduros, se reúnen en torno a la maravillosa noticia de la salvación a través de Jesucristo. Cada texto en la Biblia apunta a la misma o a algún aspecto de ella. Así que la iglesia se reúne semana tras semana a escuchar el evangelio explicado una vez más. Una comprensión bíblica de las buenas noticias debe ser parte de cada sermón, de todo acto de bautismo y comunión, de cada canción, de cada oración, de cada conversación. Más que cualquier otra cosa en la vida de la iglesia, los miembros de una iglesia sana oran y perseveran para conocer este evangelio más profundamente.

¿Por qué? Debido a que la esperanza del evangelio es la esperanza de conocer la gloria de Dios en la faz de Cristo (2Co 4:6). Es la esperanza de verlo con claridad y conocerlo completamente, incluso a medida que nos conocemos completamente a nosotros mismos (1Co 13:12). Es la esperanza de llegar a ser como Él, porque nosotros le veremos tal como Él es (1Jn 3:2).

FUNDAMENTOS DEL EVANGELIO

El evangelio no es la noticia de que estamos bien. No es la noticia de que Dios es amor. No es la noticia de que Jesús quiere ser nuestro amigo. No es la noticia de que Él tiene un plan o propósito maravilloso para nuestra vida. El evangelio es la buena nueva de que Jesucristo murió en la cruz como un sacrificio sustitutorio por los pecadores y resucitó, haciendo un camino para que se reconcilien con Dios. Es la noticia de que el Juez se convierte en el Padre, sólo si se arrepienten y creen.

Aquí hay cuatro puntos que trato de recordar siempre al compartir el Evangelio, ya sea en privado o en público: (1) Dios, (2) el hombre, (3) Cristo y (4) la respuesta. En otras palabras:

- ¿He explicado que Dios es nuestro Creador santo y soberano?
- ¿He dejado claro que los humanos somos una mezcla extraña y maravillosa que ha sido hecha a imagen de Dios aunque horriblemente caídos, pecaminosos y separados de Él?
- ¿He explicado quién es Jesús y lo que Él ha hecho, que Él es el Dios-hombre que única y exclusivamente se encuentra entre Dios y el hombre como un sustituto y como Señor resucitado?
- Y por último, aunque haya compartido todo esto, ¿he dicho claramente que una persona debe responder al evangelio y debe creer este mensaje y apartarse de su vida de egoísmo y del pecado?

A veces, es tentador presentar algunos de los beneficios reales del evangelio como el evangelio mismo. Y estos beneficios tienden a ser las cosas que los que no son cristianos, naturalmente, quieren, como la alegría, la paz, la felicidad, la satisfacción, la autoestima o el amor. Sin embargo, presentarlos como el evangelio enseña una verdad parcial. Y, como J.I. Packer dice: "Una verdad a medias disfrazada de toda la verdad, es una mentira completa".[1]

---

1 Citado en J. I. Packer, "Saved by His Precious Blood: An Introduction to John Owen's *The Death of Death in the Death of Christ*" in J. I. Packer and Mark Dever, *In My Place Condemned He Stood: Celebrating the Glory of the Atonement* (Wheaton, IL: Crossway, 2008), 113.

Fundamentalmente, no necesitamos tan sólo alegría, paz o propósito. Necesitamos a Dios mismo. Ya que somos pecadores condenados necesitamos Su perdón por encima de todo. Necesitamos vida espiritual. Cuando presentamos el evangelio de forma menos radical, simplemente obtenemos conversiones falsas y crecientes listas de membresía de la iglesia cada vez más carentes de sentido, ambas circunstancias hacen más difícil la evangelización del mundo que nos rodea.

EVANGELIO DESBORDANTE

Cuando una iglesia es sana y sus miembros conocen y aman el evangelio por encima de todo lo demás, van a querer compartirlo cada vez más con el mundo. George W. Truett, un gran líder cristiano de la generación pasada y pastor de la Primera Iglesia Bautista de Dallas, Texas, dijo:

La acusación suprema que se puede presentar contra una iglesia... es que tal iglesia carece de pasión y compasión por las almas humanas. Una iglesia no es nada más que un club ético si no rebosa su amor por las almas perdidas, y si no sale a buscar a las almas perdidas para guiarlas al conocimiento de Jesucristo.[2]

Hoy en día, los miembros de nuestras iglesias pasan mucho más tiempo con los no cristianos en sus hogares, oficinas y vecindarios del que van a pasar con otros cristianos, por no hablar de los no cristianos que asisten a

2 George W. Truett, *A Quest for Sousls* (New York: Harper & Brothers, 1917), 67.

nuestras iglesias los domingos. El evangelismo no es algo que se hace, sobre todo, al invitar a alguien a la iglesia. Cada uno de nosotros tiene la gran noticia de la salvación en Cristo. No hay que cambiarla por otra cosa. ¡Vamos a compartirla hoy! Una iglesia sana conoce el evangelio y lo comparte.

CÓMO ENCONTRAR UNA IGLESIA SANA

1. Ora.
2. Busca consejo de un pastor piadoso (o de los ancianos).
3. Mantén tus prioridades claras:
   - El evangelio debe ser verdaderamente afirmado, claramente predicado y fielmente vivido. Una seria falta de cualquiera de estas expresiones del evangelio es muy peligrosa.
   - La predicación debe ser fiel a la Escritura, desafiante a la persona y central a la vida de la congregación. Sólo crecerás espiritualmente donde la Escritura es la autoridad suprema.
   - Es también muy importante considerar cómo la iglesia regula el bautismo, la Cena del Señor, la membresía

de la iglesia, la disciplina en la iglesia y quién tiene la última palabra en la toma de decisiones.

4. Hazte las siguientes preguntas de diagnóstico:

- ¿Quisiera hallar una esposa que ha crecido bajo estas enseñanzas de la iglesia?
- ¿Qué imagen de la cristiandad verán mis hijos en la iglesia —algo distinto o algo muy parecido al mundo—?
- ¿Estaría contento invitando a no cristianos a esta iglesia? Esto es, ¿escucharán claramente el evangelio y verán vidas consistentes con él? ¿Tiene la iglesia un corazón que da la bienvenida y alcanza a los no cristianos?
- ¿Es esta iglesia un lugar donde puedo ministrar y servir?

5. Considera la geografía. ¿La proximidad física de la iglesia a tu casa te anima o desanima a involucrarte y servir? Si te estás mudando a un área nueva para ti, trata de localizar una buena iglesia cercana antes de comprar casa.

PARTE 3

MARCAS IMPORTANTES DE UNA IGLESIA SANA

Si las nueve marcas descritas en este libro son bíblicas, entonces son autoritativas para las iglesias de Cristo. Ahora bien, la diferencia entre las marcas *esenciales* y las *importantes* debe recordarnos que la santificación —en la vida de la iglesia y del individuo— ocurre lentamente. Así como Dios nos llama a tener paciencia mientras criamos nuestros hijos, así nos llama a tener paciencia con nuestras iglesias.

Las marcas que llamo *importantes* son importantes al menos cuando se consideran individualmente, pero su ausencia no te obliga a salir de una iglesia (aunque puede ser sabio considerar este paso). Las iglesias que no tienen estas marcas importantes son buenos lugares parar orar, ser pacientes y presentar tu vida como un buen ejemplo.

Si un pastor me pregunta cuánto tiempo debería soportar una estructura de liderazgo no bíblica o si una cristiana me pregunta cuánto tiempo debería dejar pasar el hecho de que su iglesia no practica disciplina a sus miembros o si un diácono me pregunta cuánto tiempo debería soportar que su iglesia tenga listas de miembros que no representan la verdadera membresía de la congregación, yo animaría a estos santos a ser pacientes, a orar, a dar un buen ejemplo, a ser amorosos dentro de su iglesia y a esperar. El crecimiento es lento. Y la iglesia es un cuerpo: un cuerpo vivo llamado a perdonar, animar, servir, ocasional y sabiamente exhortar y, sobre todo, a apreciar.

Así como no existen cristianos perfectos en esta vida, de la misma manera no existen iglesias perfectas. Incluso las mejores iglesias quedan mucho a deber cuando son comparadas con el ideal. Ni un liderazgo correcto ni una predicación valiente, ni una generosidad sacrificial ni una ortodoxia doctrinal pueden asegurar que una iglesia florezca. Sin embargo, cualquier iglesia puede ser más saludable de lo que ahora es. En esta vida, nunca lograremos tener completa victoria sobre el pecado. Pero como hijos de Dios nunca dejamos de pelear. De la misma manera, las iglesias no deben dejar de luchar. Cristianos, pastores y líderes de iglesias en particular, deben desear y trabajar para ver iglesias saludables.

CAPÍTULO 8

UNA MARCA IMPORTANTE DE UNA IGLESIA SANA: UN ENTENDIMIENTO BÍBLICO DE LA CONVERSIÓN

En la primera reunión de mi iglesia — allá por 1878 — la congregación adoptó una confesión de fe. Era una versión reforzada de la Confesión de fe de New Hampshire de 1833. El lenguaje antiguo puede ser un poco difícil, pero intenta asimilarlo. El artículo VIII de esta confesión dice:

> Creemos que el arrepentimiento y la fe son deberes sagrados, y también gracias inseparables, que son obradas en nuestras almas por el Espíritu regenerador de Dios. Por lo que al estar profundamente convencidos de nuestra culpa, peligro e impotencia, y del camino de la salvación por medio de Cristo,

nos volvemos a Dios en genuina contrición y confesión, suplicando misericordia. Al mismo tiempo, recibimos de todo corazón al Señor Jesucristo como nuestro Profeta, Sacerdote y Rey, confiando en Él solamente como el único y suficiente Salvador.

No muchas personas hablan o escriben así hoy en día. Sin embargo, las verdades bíblicas expuestas aquí no han cambiado. Una iglesia sana se caracteriza por una comprensión bíblica de la conversión.

NUESTRA ACCIÓN

La declaración comienza con el llamado bíblico al arrepentimiento y a la fe. Como Jesús mandó al comienzo de Su ministerio: "Arrepiéntanse y crean en el evangelio" (Mr 1:15). En los términos más simples, la conversión es igual al arrepentimiento y la fe.

Posteriormente la confesión proporciona una descripción más detallada de lo que es el arrepentimiento y la fe. Dice que nos "volvemos" de nuestro pecado a Dios, "recibimos" a Cristo y "confiamos" en Él solamente como el suficiente Salvador. El Nuevo Testamento está lleno de pecadores que abandonan su pecado, reciben a Cristo, y confían en Él. Piensa en Leví — el recaudador de impuestos — dejando su negocio para seguir a Cristo. O la mujer del pozo. O el centurión romano. O Pedro, Santiago y Juan. O Saulo — el perseguidor de los cristianos — que se convirtió en Pablo, el apóstol de los gentiles. La lista es extensa. Cada uno de ellos se convierte, confía y sigue. Esto es la conversión.

No se trata de recitar un credo. No es hacer una oración. Tampoco es una conversación. No consiste en convertirse en un occidental. No es llegar a cierta edad, asistir a una clase, o hacer algún otro rito cuando somos adultos. No es un viaje, con todos esparcidos por el camino en diferentes etapas. Más bien, la conversión es cambiar toda nuestra vida pasando de una justicia propia a la justificación de Cristo, de la autonomía al gobierno de Dios, de la adoración a ídolos a la adoración a Dios.

LA CONVERSIÓN ES UNA OBRA DE DIOS EN NOSOTROS

Sin embargo, observa también otra cosa que dice esta declaración acerca de nuestra conversión. Nos volvemos a Dios porque estamos "profundamente convencidos de nuestra culpa, peligro e impotencia, y del camino de la salvación por medio de Cristo". ¿Cómo sucede esto? ¿Quién nos convence? "Son obradas en nuestras almas por el Espíritu regenerador de Dios". La declaración cita dos partes de las Escrituras para apoyar esta idea:

> Al oír esto se calmaron, y glorificaron a Dios, diciendo: "Así que también a los gentiles ha concedido Dios el arrepentimiento que conduce a la vida".
>
> **Hechos 11:18**

> Porque por gracia ustedes han sido salvados por medio de la fe, y esto no procede de ustedes, sino que es don de Dios.

Efesios 2:8

Si entendemos nuestra conversión como algo que nosotros hemos hecho, sumado a lo que Dios hace primero en nosotros, entonces lo estamos entendiendo mal. La conversión ciertamente incluye una acción de nuestra parte, tal y como hemos comentado. No obstante, la conversión es mucho más que eso. La Escritura enseña que nuestros corazones deben ser cambiados, nuestras mentes transformadas, y nuestros espíritus vivificados. Nosotros mismos no podemos hacer nada de esto. El cambio que todo ser humano necesita es tan radical, tan al nivel de la raíz, que solamente Dios puede hacerlo. Él nos creó la primera vez, así que Él nos debe hacer nuevas criaturas. Él fue el responsable de nuestro nacimiento natural, así que Él nos debe dar un nuevo nacimiento. Necesitamos que Dios nos convierta.

El predicador del siglo diecinueve Charles Spurgeon una vez contó una historia de cómo un hombre en estado de ebriedad se acercó a él y le dijo: "Soy uno de sus conversos, Sr. Spurgeon".

"Me atrevo a decir que sí", respondió el sagaz y sensible predicador; "pero usted no es uno de los del Señor, ya que si así fuera usted no estaría borracho".

FRUTO MALO Y BUENO

Cuando una iglesia no comprende la enseñanza de la Biblia acerca de la conversión, bien puede llenarse de personas que hicieron declaraciones sinceras en algún momento de sus vidas, pero que no han experimentado el cambio radical que la Biblia presenta como la conversión.

La verdadera conversión puede o no implicar una experiencia emocional. Sin embargo, se evidenciará en su fruto. ¿Dan las vidas evidencia de cambio (un despojo de lo viejo y un revestimiento de lo nuevo)? ¿Están los miembros interesados en batallar contra su propio pecado, incluso si continúan tropezando? ¿Muestran un nuevo interés en disfrutar de la comunión con los cristianos y tal vez tienen nuevas motivaciones para pasar tiempo con no creyentes? ¿Están empezando a responder a pruebas y desafíos de manera diferente a como lo hacían cuando no eran cristianos?

Un entendimiento correcto de la conversión se hará notorio no solo en los sermones, sino que también en los requisitos de una iglesia para el bautismo y la Cena del Señor. Se ejercerá precaución. Los pastores no estarán presionados por bautizar a las personas apresuradamente y sin examinar su condición espiritual.

Se notará en las expectativas de la iglesia para la membresía. La admisión no será inmediata. Tal vez se ofrezca una clase de membresía. Se pedirá un testimonio, así como una explicación del evangelio por parte del miembro potencial.

Se mostrará en que la iglesia no estará dispuesta a tomar los pecados conocidos a la ligera. El rendir cuentas, el dar ánimo, y la exhortación serán lo común, no algo extraordinario. Se practicará la disciplina en la iglesia.

Una de las marcas importantes de una iglesia sana es un entendimiento bíblico de la conversión.

CAPÍTULO 9

UNA MARCA IMPORTANTE DE UNA IGLESIA SANA: UN ENTENDIMIENTO BÍBLICO DEL EVANGELISMO

Hasta ahora, hemos descrito las iglesias saludables como marcadas por la predicación expositiva, la teología bíblica y un entendimiento bíblico del evangelio y la conversión. Esto significa que cuando las iglesias no enseñan la Biblia y la sana doctrina se vuelven enfermas.

¿Cómo se ve una iglesia enferma? Es una iglesia donde los sermones suelen virar hacia el cliché y la repetición. Peor aún, llegan a ser moralistas y centradas en sí mismas, y el evangelio no es más que una "auto-ayuda" espiritual. La conversión se considera como un acto de voluntad humana. Y en diversos grados la cultura de la iglesia es indistinguible de la cultura secular circundante.

Podemos estar seguros, al menos, que esas congregaciones no anuncian las tremendas noticias de salvación en Jesucristo.

EL EVANGELISMO ES MOLDEADO POR EL ENTENDIMIENTO DE LA CONVERSIÓN

Mientras pasamos a considerar otra importante marca de una iglesia sana — una comprensión bíblica del evangelismo — vale la pena considerar cuánta de nuestra visión de esta marca será conformada por nuestra comprensión de las anteriores (las marcas que son tanto *esenciales* como *importantes*), especialmente la conversión.

Por un lado, si nuestras mentes han sido moldeadas por lo que la Biblia enseña acerca de Dios y cómo Él trabaja, así como por lo que enseña sobre el evangelio y lo que los seres humanos pecaminosos más urgentemente necesitan, tendremos generalmente como resultado una adecuada comprensión del evangelismo. Vamos a tratar de impulsar el evangelismo principalmente a través de la enseñanza y meditando en el evangelio mismo, no a través de métodos de aprendizaje para compartirlo.

Siempre me siento alentado por la forma en que los nuevos cristianos parecen inherentemente conscientes de que recibieron su salvación por gracia. Es posible que hayas escuchado testimonios en los últimos meses que reconocen que la conversión es obra de Dios (Ef 2:8-9). "Yo estaba totalmente perdido en el pecado, pero Dios...".

Por otra parte, si lo que la Biblia dice acerca de la obra de Dios en la conversión se deja de lado en nuestras iglesias, entonces el evangelismo se convierte en un esfuerzo humano por generar una confesión verbal. Una señal de que una Iglesia podría no tener una comprensión bíblica de la conversión y la evangelización es que su membresía es notablemente mayor que su asistencia. Esa iglesia debe detenerse y preguntarse por qué su evangelismo produce un número tan grande de miembros que nunca asisten pero que se sienten seguros de su salvación. ¿Qué les hemos dicho acerca de lo que significa el discipulado en Cristo? ¿Qué les hemos enseñado sobre Dios, el pecado y el mundo?

Para todos los miembros de la iglesia, pero especialmente para los líderes que tienen la responsabilidad de la enseñanza, un entendimiento bíblico del evangelismo es crucial.

¿QUÉ ES EVANGELISMO?

Según la Biblia, los cristianos están llamados a amar, a rogar e incluso a persuadir a los incrédulos (2Co 5:11). Sin embargo, hemos de hacerlo mediante la "manifestación de la verdad", lo cual significa que renunciaremos "a lo oculto y vergonzoso" (2Co 4:2).

El evangelismo, en otras palabras, no pretende hacer todo lo posible para llevar a una persona a tomar una decisión por Jesús, y mucho menos pretende imponer opiniones. Intentar forzar un nacimiento espiritual va a resultar tan efectivo como Ezequiel intentando unir los huesos secos sin vida, para hacer una persona (Ez 37), o tan probable como Nicodemo haciéndose nacer de nuevo en el Espíritu (Jn 3).

Además, el evangelismo no es lo mismo que compartir un testimonio personal. No es lo mismo que presentar una defensa racional de la fe. Ni siquiera se trata de hacer obras de caridad, aunque todas estas cosas pueden acompañar el evangelismo. Tampoco debe ser confundido con los resultados de la evangelización, como diciendo que sólo hemos logrado hacer evangelismo cuando éste va seguido de una conversión.

No, el evangelismo es hablar palabras. Es compartir las noticias. Es ser fieles a Dios mediante la presentación de las buenas nuevas que hemos analizado en el capítulo 8: que Cristo, mediante Su muerte y resurrección, ha asegurado la manera en que un Dios santo y personas pecadoras han sido reconciliados. Dios producirá conversiones verdaderas cuando presentemos estas buenas nuevas (ver Jn 1:13; Hch 18:9-10). En resumen, la evangelización es presentar las buenas nuevas con libertad y confiar que Dios convierte a las personas (ver Hch 16:14). "La salvación es de Jehová" (Jon 2:9; comparar con Jn 1:12-13).

Al evangelizar, intento transmitir tres cosas a las personas sobre la decisión que debe ser hecha en cuanto al evangelio:

- La decisión es costosa, por lo que debe ser considerada cuidadosamente (ver Lc 9:62).
- La decisión es urgente, así que hazla pronto (ver Lc 12:20).
- La decisión vale la pena, así que te animo a hacerla (ver Jn 10:10).

Este es el mensaje que debemos comunicar personalmente a familiares y amigos. Este es el mensaje que debemos comunicar corporalmente como iglesia.

Hay excelentes recursos impresos sobre evangelismo. Para considerar la estrecha relación entre nuestra comprensión del evangelio y los métodos evangelísticos que utilizamos, recomiendo los siguientes libros: *Tell the Truth* [*Dí la Verdad*] escrito por Will Metzger (InterVarsity Press), *The Invitation System* [*El Sistema de Invitación*] y *Revival and Revivalism* [*Avivamiento y Evangelismo*] de Iain Murray (Banner of Truth Trust), así como *El Evangelio y la Evangelización Personal* de mi autoría (Publicaciones Faro de Gracia).

Otra importante marca de una iglesia sana es, entonces, una comprensión bíblica y la práctica del evangelismo. El único crecimiento verdadero es el crecimiento que viene de Dios a través de Su pueblo.

CAPÍTULO 10

UNA MARCA IMPORTANTE DE UNA IGLESIA SANA: UN ENTENDIMIENTO BÍBLICO DE LA MEMBRESÍA

¿Es la membresía de la iglesia un concepto bíblico? En un sentido, no lo es. Abre el Nuevo Testamento y no encontrarás un relato, digamos, de Priscila y Aquila, mudándose a la ciudad de Roma, buscando una iglesia y después otra para finalmente decidir unirse a una tercera. Por lo que podemos ver, nadie fue "de compras" al buscar una iglesia, porque solo había una iglesia en cada comunidad. En ese sentido, no encontraremos una lista de miembros de la iglesia en el Nuevo Testamento.

Pero parece que las iglesias del Nuevo Testamento mantenían ciertas listas de personas, tales como las listas de viudas sustentadas por la iglesia (1Ti 5). De forma más significativa, cierto número de pasajes del Nuevo

Testamento sugieren que las iglesias tenían algún modo de identificar sus miembros. Sabían quiénes pertenecían a sus congregaciones y quiénes no.

En una ocasión, por ejemplo, un hombre en la iglesia en Corinto estaba viviendo en inmoralidad "tal como no existe ni siquiera entre los gentiles" (1Co 5:1). Pablo escribió a los corintios y les dijo que excluyeran a ese hombre de su congregación. Ahora, paremos y pensemos en esto. No se puede excluir formalmente a nadie si no está formalmente incluido en primer lugar.

Parece que Pablo vuelve a referirse a este mismo hombre en su siguiente epístola a los corintios al decir que "es suficiente para tal persona este castigo que le fue impuesto por la mayoría" (2Co 2:6). Paremos y pensemos de nuevo. Solo se puede tener una "mayoría" si hay un grupo definido de personas, en este caso una membresía de la iglesia definida.

Pablo se preocupaba de "quién estaba dentro" y "quién estaba fuera". Se preocupó porque el Señor Jesús mismo dio a las iglesias la autoridad de trazar una línea —lo mejor humanamente posible— a su alrededor, con el fin de delimitarse con el mundo.

> En verdad les digo, que todo lo que ustedes aten en la tierra, será atado en el cielo; y todo lo que desaten en la tierra, será desatado en el cielo.
> **Mateo 18:18; ver también 16:19 y Juan 20:23**

Hemos dicho que las iglesias sanas son congregaciones que deben reflejar cada vez más el carácter de Dios. Por tanto, queremos que los registros terrenales se aproximen, tanto como sea posible, a los mismos registros del cielo —aquellos nombres registrados en el libro de la vida del Cordero (Fil 4:3; Ap 21:27)—.

Una iglesia sana se esfuerza en recibir y despedir a individuos profesantes de su fe, tal y como nos instruyen los autores del Nuevo Testamento. Es decir, se esfuerza en tener una comprensión bíblica de la membresía.

LA MEMBRESÍA BÍBLICA SIGNIFICA COMPROMISO

Un templo tiene ladrillos. Un rebaño tiene ovejas. Una vid tiene ramas. Y un cuerpo tiene miembros. En un sentido, la membresía de la iglesia comienza cuando Cristo nos salva y nos hace miembros de Su cuerpo. No obstante, Su obra ha de tener Su expresión en una iglesia local. En este sentido, la membresía de la iglesia comienza cuando uno se compromete a un cuerpo en particular. Ser cristiano significa ser unido a una iglesia.

Las Escrituras, por tanto, nos exhortan a congregarnos de forma regular para que podamos regocijarnos regularmente en nuestra mutua esperanza y estimularnos con regularidad al amor y a las buenas obras (Heb 10:23-25). La membresía de la iglesia no es simplemente un casillero que marcamos en una hoja. No es un sentimiento emocional. No es una expresión de afecto a un lugar familiar.

No es una expresión de lealtad o deslealtad hacia familiares. Debería ser el reflejo de un compromiso vivo, o si no, carecerá de valor. De hecho, es peor que carecer de valor; es peligroso, como veremos en breve.

LA MEMBRESÍA BÍBLICA SIGNIFICA TOMAR RESPONSABILIDADES

La práctica de la membresía de la iglesia entre cristianos tiene lugar cuando los cristianos se aferran los unos a los otros con responsabilidad y en amor. Al identificarnos con una iglesia local en particular, no solo estamos diciendo al pastor de la iglesia y a otros miembros que nos comprometemos hacia ellos, sino que nos comprometemos hacia ellos en reunirnos, en ofrendar, en la oración y en el servicio. Unirse a una iglesia es un acto en el que decimos: "Ahora soy tu responsabilidad y tú eres responsabilidad mía". (Sí, esto es contrario a la cultura. Aún más, es contrario a nuestras naturalezas pecaminosas). La membresía bíblica significa tomar responsabilidades. Proviene de nuestras obligaciones mutuas según lo vemos enfatizado en todos los pasajes bíblicos que nos hablan de reciprocidad: amarse unos a otros, servirse unos a otros, exhortarse unos a otros. Todos estos mandatos deberían estar comprendidos en las promesas de membresía de una iglesia sana.

Los miembros de una iglesia madurarán hasta reconocer sus responsabilidades mutuas cuanto más fomenten el evangelio, entiendan que la conversión es obra de Dios y evangelicen instruyendo a los que buscan de Dios a considerar el precio. Y los cristianos considerarán menos a la iglesia como un lugar al que vienen si les place y el lugar donde uno consigue lo que puede: una tienda más a la cual echar un vistazo en el mercado cristiano.

Tristemente, no es extraño encontrar una gran diferencia en números entre la gente que oficialmente se encuentra en el libro de membresía y el número de aquellos que asisten a la iglesia con regularidad. Imagínate una iglesia de tres mil miembros con solo seiscientos que asisten con regularidad. Me temo que muchos pastores evangélicos hoy día están más orgullosos de su llamada membresía que de estar preocupados por el gran número de miembros que no asisten a los cultos. De acuerdo a un estudio reciente, el promedio de una iglesia Bautista del Sur es de 233 miembros con solo 70 que asisten al culto matinal del domingo.

Y los números de nuestras ofrendas ¿son mejores? ¿Qué congregaciones tienen presupuestos que igualen —ni que decir que excedan— el diez por ciento de la renta anual combinada de sus miembros?

Hay limitaciones físicas que puedan impedir la asistencia y cargas económicas que imposibiliten el poder ofrendar. Pero, aparte de esto, uno se pregunta si las iglesias están haciendo ídolos de sus cifras. Las figuras numéricas pueden ser tan idolatradas como las figuras artísticas —quizá con más facilidad—. No obstante, Dios considerará nuestras vidas y juzgará nuestra obra antes de fijarse en nuestros números.

LA MEMBRESÍA BÍBLICA SIGNIFICA UNA AFIRMACIÓN DE NUESTRA SALVACIÓN

¿Qué hay de peligroso en los miembros que se ausentan todo el tiempo y que evaden sus responsabilidades? Los miembros que no se involucran confunden tanto a los miembros de verdad como a los incrédulos sobre lo que significa ser creyente. Y los miembros activos no hacen ningún favor a los miembros inactivos cuando les permiten seguir como miembros de la iglesia, ya que la membresía es la aprobación corporativa de la iglesia con respecto a la salvación de una persona. ¿Lo entendiste? Al llamar a una persona miembro de tu iglesia, estás diciendo que ese individuo tiene la aprobación de tu iglesia de que es creyente.

Si una congregación no ha visto a un individuo durante meses o aun años, ¿cómo puede testificar que esa persona está corriendo fielmente la carrera? Si un individuo ha desaparecido de toda participación en la iglesia y no se ha unido a otra iglesia bíblica, ¿cómo sabemos si él o ella fueron jamás parte de nosotros (ver 1Jn 2:19)? No estamos afirmando necesariamente que esas personas desconectadas de toda actividad de la iglesia no sean cristianos; simplemente no podemos afirman que lo sean. No necesitamos decirles: "Sabemos que van a ir al infierno". Solo tenemos que decir: "No podemos expresar nuestra confianza de que vayan a ir al cielo". Cuando una persona está permanentemente ausente, su asociación con la iglesia es, en el mejor de los casos, inmadura, incluso deshonesta.

Una iglesia que practica la membresía bíblica no requiere la perfección de parte de sus miembros; requiere humildad y honestidad. No les llama a decisiones huecas, sino a un discipulado verdadero. No le quita importancia a las experiencias personales que uno pueda tener en su relación con Dios, pero al mismo tiempo entiende que las personas no son aún perfectas y están propensas a pecar y apartarse de Dios. Esta es la razón por la que el Nuevo Testamento enseña una afirmación corporativa por parte de aquellos que entran en pacto con Dios y con los demás de manera mutua.

LA MEMBRESÍA BÍBLICA TIENE SIGNIFICADO

Mi anhelo es que las estadísticas de membresía en las iglesias lleguen a nivelarse de modo que miembros nominales se conviertan en miembros activos y comprometidos. De vez en cuando, esto significa quitar algunos nombres del libro de membresía (aunque no de nuestros corazones). En la mayoría de los casos, esto implica enseñar a los miembros nuevos lo que Dios quiere para la iglesia y recordar continuamente a los miembros existentes su compromiso con la vida de la iglesia. En mi propia congregación, hacemos esto de varias formas. Enseñamos clases para la membresía y también leemos el pacto que la congregación ha hecho para con la iglesia cada vez que se celebra la Santa Cena.

Según ha ido creciendo nuestra iglesia sanamente, el número de personas los domingos por la mañana ha ido incrementándose con respecto al número de personas oficialmente inscritas en nuestro libro de membresía. Esto también debería ser tu deseo para tu iglesia.

Nuestro amor por viejos amigos no será el correcto si les permitimos aferrarse a la membresía de la iglesia por razones sentimentales.

La práctica renovada de una membresía de la iglesia sana traerá muchos beneficios. Hará que el testimonio de nuestras iglesias hacia los inconversos sea más claro. Hará más difícil que las ovejas débiles se extravíen del rebaño y, para algunas que son falsas, evitará que continúen viéndose como ovejas. Ayudará a dar forma y a enfocar mejor el discipulado de un mayor número de cristianos maduros. Ayudará a los líderes de la iglesia a saber más exactamente de quiénes son responsables. En todo esto, Dios será glorificado.

Ora para que la membresía de la iglesia llegue a tener un significado más profundo del que tiene. De ese modo, podremos saber mejor por quién orar y a quiénes animar y exhortar en la fe. La membresía de la iglesia implica estar involucrados en el cuerpo de Cristo de varias formas prácticas. Significa hacer un viaje juntos como extranjeros y advenedizos en este mundo según nos vamos dirigiendo hacia nuestro hogar celestial. Ciertamente, una de las marcas de una iglesia sana es una comprensión bíblica de la membresía de la iglesia.

CAPÍTULO 11

UNA MARCA IMPORTANTE DE UNA IGLESIA SANA: DISCIPLINA BÍBLICA EN LA IGLESIA

La disciplina que es bíblica se deriva directamente de una comprensión bíblica de la membresía de la iglesia. La membresía traza una línea alrededor de la iglesia, la cual delimita a la iglesia del resto del mundo. La disciplina ayuda a la iglesia que vive dentro de esa línea divisoria a permanecer fiel a las cosas por las que esa línea se ha trazado. Le da sentido a ser miembro de la iglesia y es otra señal fundamental de una iglesia saludable.

¿Qué es exactamente la disciplina de la iglesia? En un sentido amplio, disciplinar es enseñar. En un sentido más estricto, algunas veces esa disciplina es correctiva. En el sentido más estricto, es el acto de excluir de la membresía de la iglesia y de la participación en la Cena del Señor a alguien que profesa ser un cristiano pero que ha caído en pecado grave y no demuestra arrepentimiento; no quiere abandonar ese pecado.

REFLEJANDO EL CARÁCTER DE DIOS

Para poder entender la disciplina de la iglesia, nos ayudaría recordar los propósitos de Dios en la creación del universo, la humanidad, Israel y la iglesia. Dios creó el universo con el fin de mostrar Su gloria. Luego creó a la humanidad con el mismo propósito, y de manera particular al crearnos para llevar Su imagen (Gn 1:27). La humanidad —Adán y Eva— no mostró Su gloria, por lo que los excluyó del Edén.

Dios entonces llamó a Israel para que como Su pueblo mostrara Su gloria, de manera particular al dar a conocer Su santidad y carácter a las naciones, tal y como se les reveló en la ley (ver Lv 19:2; Pro 24:1, 25). En el camino, esta ley fue la base para corregir e incluso excluir a algunas personas de la comunidad (como en Nm 15:30-31). En última instancia, fue la base para excluir al propio Israel de la tierra que habían poseído.

Finalmente, Dios creó a la iglesia, hemos dicho, de manera que cada vez pueda reflejar más el carácter de Dios como le ha sido revelado en Su Palabra. De acuerdo con la historia de toda la Biblia, entonces, la disciplina de la iglesia es el acto de excluir a una persona que descuidadamente trae descrédito sobre el evangelio y no muestra arrepentimiento de modo que cambie el rumbo de sus acciones. La disciplina ayuda a la iglesia a reflejar fielmente el carácter de la gloria de Dios. Ayuda a la iglesia a permanecer santa. Esta acción intenta pulir el espejo y eliminar cualquier mancha (ver 2Co 6:14 – 7:1; 13:2; 1Ti 6:3-5; 2Ti 3:1-5). ¿Por qué la disciplina? Para que el carácter santo y amoroso de Dios pueda verse más claramente y brillar con más intensidad.

¿CÓMO FUNCIONA?

¿Cómo funciona el proceso de la disciplina? Puesto que las circunstancias del pecado varían enormemente, se necesita sabiduría pastoral para saber cómo tratar cada situación en particular.

Dicho esto, las palabras de Jesús en Mateo 18 proporcionan los límites generales (Mt 18:15-17). Empieza por dirigirte en privado al hermano que peca. Si el pecador se arrepiente, el proceso de disciplina termina. Si no es así, vuelve por segunda vez con otro cristiano. Si no se arrepiente, entonces, como Jesús dijo, si se niega a hacerles caso a ellos: "Dilo a la iglesia; y si también rehúsa escuchar a la iglesia, sea para ti como el gentil y el recaudador de impuestos" (Mt 18:17), es decir, como un extraño.

¿DEBERÍAMOS JUZGAR?

Esta idea puede sonar dura para muchas personas hoy en día. Además, ¿Jesús no prohibió a Sus seguidores juzgar a los demás? En cierto sentido lo hizo: "No juzguen para que no sean juzgados" (Mt 7:1). Pero en el evangelio mismo, Jesús también llamó a las iglesias a reprender —incluso públicamente— a sus miembros por el pecado (Mt 18:15-17; Lc 17:3). Así que, lo que sea que Jesús haya querido decir con "No juzguen", no tenía la intención de descartar todo lo que podría llamarse "juzgar" hoy en día.

Ciertamente, Dios mismo es un juez. Él juzgó a Adán en el Edén. En el Antiguo Testamento juzgó a ambas naciones y a individuos. En el Nuevo Testamento promete que los cristianos serán juzgados según sus obras (ver 1Co 3). Y promete que, en el último día, él se presentará como el Juez supremo de toda la humanidad (ver Ap 20).

En su juicio, Dios nunca se equivoca. Él es siempre justo (ver Jos 7; Mt 23; Lc 2; Hch 5; Ro 9). A veces sus propósitos en el juicio son correctivos, redentores y restauradores, como cuando Él disciplina a sus hijos. A veces sus propósitos son retributivos, vengativos y finales, como cuando derrama Su ira sobre los impíos (ver Heb 12). En cualquier caso, el juicio de Dios es siempre justo.

Lo que puede sorprender a mucha gente hoy en día es que Dios utiliza ocasionalmente a seres humanos para llevar a cabo Su juicio. El Estado tiene la responsabilidad de juzgar a sus ciudadanos (ver Ro 13). A los cristianos se les dice que se juzguen los unos a los otros (ver 1Co 11:28; Heb 4; 2P 1:5). A las congregaciones se les dice que de vez en cuando deben incluso juzgar a los miembros de la iglesia, aunque no de la manera definitiva en que Dios juzga.

En Mateo 18, 1 Corintios 5 y 6, y en otros lugares, a la iglesia se le manda a ejercer juicio dentro de sí misma. Este juicio es para propósitos redentores, no vengativos (Ro 12:19). Pablo le dijo a la iglesia en Corinto que entregara al hombre adúltero a Satanás "para la destrucción de su carne [su naturaleza pecaminosa], a fin de que su espíritu sea salvo en el día del Señor Jesús" (1Co 5:5). Él le dijo lo mismo a Timoteo acerca de los falsos maestros en Éfeso (1Ti 1:20).

¿CERRADO O ABIERTO?

No debemos sorprendernos de que Dios nos llame a ejercer ciertas formas de juicio o disciplina. Si las iglesias esperan tener algo que decir acerca de cómo viven los cristianos, van a tener que decir algo sobre cómo no viven los cristianos. Sin embargo, me preocupa que la manera en que muchas iglesias abordan el discipulado es como si vertieran agua en baldes con fugas: toda la atención está en lo que se vierte, sin consideración alguna a cómo se ha recibido y guardado. Un signo de esta tendencia es la disminución en la práctica de la disciplina de la iglesia en las últimas generaciones.

Un escritor que promueve las ideas del iglecrecimiento recientemente resumió su estrategia de hacer crecer las iglesias con las siguientes palabras: "Abra la puerta delantera y cierre la puerta trasera". Con esto quiere decir que las iglesias deberían hacerse más accesibles a los de afuera y a la vez mejorar el seguimiento. Estas son buenas metas. Sin embargo, sospecho que la mayoría de los pastores y las iglesias hoy en día ya aspiran a ello, hasta el punto de exagerar. Así que permítame ofrecer lo que creemos es una estrategia más bíblica: vigile cuidadosamente la puerta delantera y abra la puerta de atrás. En otras palabras, hacer que sea más difícil entrar, por un lado, y que sea más fácil ser excluidos por el otro. Recuerde: el camino a la vida es estrecho, no ancho. Al hacer esto, creo, va a ayudar a las iglesias a recuperar la distinción que Dios quiso que tuvieran del mundo.

Uno de los primeros pasos en el ejercicio de la disciplina, por lo tanto, es ejercer un mayor cuidado en la recepción de nuevos miembros. Una iglesia debe preguntarle a cada individuo que solicite la membresía qué entiende por el evangelio y pedir a cada uno que muestre alguna evidencia de la comprensión de la naturaleza de una vida que honra a Cristo. Los candidatos a miembros se beneficiarán de saber lo que la Iglesia espera de ellos y la importancia del compromiso. Si las iglesias son más cuidadosas en reconocer y recibir a los nuevos miembros, tendrán menos ocasión para practicar la disciplina correctiva más adelante.

LLEVANDO A CABO LA DISCIPLINA RESPONSABLEMENTE

La disciplina de la Iglesia se puede hacer mal. El Nuevo Testamento nos enseña a no juzgar a los demás por motivos que nosotros mismos estamos adjudicándoles injustamente (ver Mt 7:1), o no juzgarnos por asuntos que no son esenciales (ver Ro 14 – 15). En el cumplimiento de la disciplina, nuestras actitudes no deben ser vengativas sino amorosas, lo que demuestra una misericordia, mezclada con temor (Jud 23). No hay que negarlo, la disciplina eclesiástica está plagada con problemas de sabiduría y aplicación pastoral. Pero debemos recordar que toda la vida cristiana es difícil y abierta al abuso. Y nuestras dificultades no deben utilizarse como una excusa para no practicar algo.

Cada iglesia local tiene la responsabilidad de juzgar la vida y las enseñanzas de sus líderes y miembros, especialmente cuando uno de los dos pone en riesgo el testimonio que la iglesia da del evangelio (ver Hch 17; 1Co 5; 1Ti 3; Stg 3:1, 2P 3; 2Jn).

La disciplina de la iglesia que es bíblica es la simple obediencia a Dios y una confesión de que necesitamos ayuda. ¿Puede imaginarse un mundo en el que Dios nunca usa a nuestros semejantes para promulgar su juicio, uno en el que los padres nunca disciplinen a sus hijos, el Estado nunca sancione a los infractores de la ley y las iglesias nunca reprendan a sus miembros? Todos llegaríamos al día del juicio sin jamás haber sentido el látigo del juicio terrenal y sin haber sido advertidos sobre el juicio mayor que entonces estará sobre nosotros. Qué misericordioso es Dios que nos enseña ahora sobre la irrevocable justicia venidera con estos castigos temporales (ver Lc 12:4-5).

Aquí hay cinco razones positivas por las cuales practicar la disciplina correctiva en la iglesia. A través de la disciplina mostramos amor por:

1. el bien del individuo disciplinado;
2. otros cristianos que ven el peligro del pecado;
3. la salud de la iglesia en su conjunto;
4. el testimonio corporal de la iglesia y, por lo tanto, los no cristianos en la comunidad; y
5. la gloria de Dios.

Nuestra santidad debe reflejar la santidad de Dios. Ser miembro de la iglesia debe ser importante, no por amor a nuestro orgullo, sino por amor al nombre de Dios. La disciplina bíblica es otra señal importante de una iglesia sana.

CAPÍTULO 12

UNA MARCA IMPORTANTE DE UNA IGLESIA SANA: EL DISCIPULADO Y EL CRECIMIENTO BÍBLICO

Una marca importante de una iglesia saludable es el interés general por el crecimiento de la iglesia ya que esto se encuentra especificado en la Biblia. Esto significa crecimiento de los miembros, no sólo de los números.

Algunos hoy en día piensan que una persona puede ser un "bebé cristiano" durante toda una vida. El crecimiento es tratado como algo opcional para discípulos con celo, pero el crecimiento es una señal de vida. Si un árbol está vivo, crece. Si un animal está vivo, crece. Estar vivo significa crecer, y crecer significa madurar y avanzar, por lo menos hasta que llegue la muerte.

Pablo esperaba que los Corintios crecieran en su fe (2Co 10:15), y que los Efesios crecieran "en todos los aspectos en Aquel que es la cabeza, es decir, Cristo" (Ef 4:15; ver Col 1:10; 2Ts 1:3). Pedro exhorta a sus lectores: "Deseen como niños recién nacidos, la leche pura de la palabra, para que por ella crezcan para salvación" (1P 2:2).

Es tentador para los pastores y aún para algunos miembros reducir sus iglesias a estadísticas manejables de asistencia, bautizos, donaciones y membresía. Esta clase de crecimiento es tangible. Sin embargo, dichas estadísticas están muy lejos del verdadero crecimiento que los autores del Nuevo Testamento y Dios desean.

CRECIMIENTO EN SANTIDAD

¿De qué manera sabemos cuándo los creyentes están creciendo en gracia? No lo identificamos por el hecho de que están emocionados o porque usan mucho lenguaje religioso o tienen un mayor conocimiento de las Escrituras. Tampoco el que expresen un gran amor por la iglesia o reflejen confianza en su fe es un factor determinante. No podemos estar seguros de que los creyentes están creciendo porque parecen tener celo por Dios. Todas estas pueden ser evidencias de un verdadero crecimiento cristiano, pero al mismo tiempo, una de las señales más importantes y comunes de crecimiento que debe ser observada es la santidad fundamentada en la negación propia (ver Stg 2:20-24; 2P 1:5-11). La iglesia debe estar marcada por un interés vital en el aumento de esta clase de santidad en la vida de sus miembros.

El descuido de la santidad, así como de la disciplina de la iglesia, trae como resultado discípulos con grandes dificultades para crecer. En las iglesias donde el comportamiento no santo es ignorado, los discípulos se confunden y no tienen claro el concepto de la vida que honra a Jesucristo. Es como un jardín donde las malas hierbas nunca son arrancadas y las cosas buenas nunca son plantadas.

LO QUE EL CRECIMIENTO HACE Y NO HACE

La iglesia tiene la obligación de ser el medio de Dios para el crecimiento en gracia de las personas. La búsqueda de influencias de madurez y santidad en una comunidad comprometida de creyentes pueden ser herramientas en las manos de Dios para el crecimiento de Su pueblo. Conforme el pueblo de Dios es edificado y crece unido en santidad y amor, debe mejorar su habilidad de administrar la disciplina y motivar al discipulado.

Cuando miramos la vida de una iglesia, el crecimiento de sus miembros puede verse de diferentes maneras. A continuación algunas señales:

- *Aumento del llamado a las misiones. "Disfruté compartir el evangelio con mis vecinos de Sur América. Me pregunto si Dios me estará llamando a...".*
- *Los miembros más viejos renovando su sentido de responsabilidad en el evangelismo y en discipular a los*

miembros más jóvenes. "¿Por qué no vienes a cenar a casa?".

- *Los miembros más jóvenes asistiendo a los funerales de los más viejos por amor. "Cuando era un hombre soltero de veinte años, fue muy bueno haber estado con el Sr. y la Sra...".*
- *Aumento de la oración en la iglesia, más oraciones centradas en el evangelismo y oportunidades de ministerio. "Estoy comenzando un estudio bíblico evangelístico en el trabajo y estoy un poco nervioso. ¿Podría la iglesia orar para que...?*
- *Mayor cantidad de miembros compartiendo el evangelio con no creyentes.*
- *Menor dependencia en los miembros de los programas de la iglesia y más actividades espontáneas de ministerio de parte de los miembros. "Pastor, ¿qué piensa usted si Sara y yo organizamos un té navideño para las damas de la iglesia como una oportunidad evangelística?".*
- *Reuniones informales entre los miembros de la iglesia caracterizadas por conversaciones espirituales, incluyendo una aparente disposición a confesar pecados mientras simultáneamente miramos a la cruz. "Oye hermano, estoy luchando con...".*
- *Donaciones en aumento y sacrificiales. "Cariño, ¿de qué manera podemos tomar cincuenta dólares de nuestro presupuesto para ayudar a...?".*
- *Aumento de los frutos del Espíritu.*

- Miembros sacrificando su carrera para servir en la iglesia. "¿Ustedes escucharon que Carlos rechazó una posición de empleo tres veces para poder seguir siendo un anciano?".
- Esposos liderando a sus esposas de manera sacrificial. "Cariño, ¿qué cosas puedo hacer por ti para hacerte sentir más amada y comprendida?".
- Esposas sometidas a sus esposos. "Cariño, ¿qué cosas que puedo hacer hoy para facilitarte la vida?".
- Padres instruyendo a sus hijos en fe. "Esta noche oremos por los obreros cristianos en...".
- Una disposición corporativa para disciplinar a los miembros que cometen pecados públicos de los cuales no se arrepienten.
- Un amor corporativo por el pecador que no se arrepiente mostrado a través del seguimiento hasta la disciplina. "Por favor, si escuchas este mensaje, me gustaría saber de ti".

Estos son sólo algunos ejemplos de la clase de crecimiento por el que los cristianos debemos orar y trabajar. ¿Las iglesias saludables crecen en tamaño? Frecuentemente sí, porque reflejan un testimonio atractivo del evangelio. Pero no debemos asumir que debe ser así. En ocasiones Dios tiene otros propósitos, como el llamado de Su pueblo a la paciencia. Nuestro enfoque debe permanecer en la fidelidad y el verdadero crecimiento espiritual.

Y ¿cuál es la causa de dicho crecimiento? La predicación bíblica expositiva, la teología bíblica sana, el enfoque en el evangelio y un entendimiento bíblico de la conversión, el evangelismo, la membresía, la disciplina y el liderazgo. Pero si las iglesias son lugares donde sólo se enseñan los pensamientos de los pastores, donde Dios es más cuestionado que adorado, donde el evangelio es diluido y el evangelismo corrompido, donde la membresía de la iglesia no tiene sentido y el culto mundano a la personalidad del pastor es permitido, entonces difícilmente encontraremos una comunidad que sea coherente o edificante. Dicha iglesia no glorificará a Dios.

DIOS GLORIFICADO EN EL CRECIMIENTO

Cuando encontramos una iglesia compuesta por miembros que crecen a la imagen de Jesucristo, ¿quién se lleva la gloria? Dios, porque como dijo Pablo: "Dios ha dado el crecimiento. Así que ni el que planta ni el que riega es algo, sino Dios, que da el crecimiento" (1Co 3:6b-7; ver Col 2:19).

Igualmente, Pedro concluye su segunda carta a un grupo de cristianos jóvenes diciéndoles: "Antes bien, crezcan en la gracia y el conocimiento de nuestro Señor y Salvador Jesucristo. A Él sea la gloria ahora y hasta el día de la eternidad. Amén" (2P 3:18). Podemos pensar que nuestro crecimiento nos traerá gloria a nosotros mismos, pero Pedro sabía que no era así: "Mantengan entre los gentiles una conducta irreprochable, a fin de que en aquello que les calumnian como malhechores, ellos, por razón de las buenas obras de ustedes, al considerarlas, glorifiquen a Dios en el día de la visitación" (1P 2:12). Pedro obviamente recordaba las palabras de Jesús: "Así brille la luz de ustedes delante de los hombres, para que vean sus buenas acciones y [¿les den gloria a ustedes? ¡No!] glorifiquen a su Padre que está en los cielos" (Mt 5:16). Trabajar para promover el discipulado y el crecimiento cristiano es otra marca de una iglesia saludable.

CAPÍTULO 13

UNA MARCA IMPORTANTE DE UNA IGLESIA SANA: LIDERAZGO BÍBLICO EN LA IGLESIA

¿Qué tipo de liderazgo tiene una iglesia saludable? ¿Es la congregación la que debe esforzarse por asegurarse de que el evangelio es predicado fielmente? Sí (Ga 1). ¿Son los diáconos los que modelan el servicio en la iglesia? Sí (Hch 6). ¿Debe un pastor ser fiel en predicar la Palabra de Dios? Sí (2Ti 4). Sin embargo, la Biblia presenta un regalo de Dios al liderazgo de las iglesias para ayudarlas a ser más saludables: la posición de anciano.

Seguramente hay muchas cosas útiles que podríamos decir sobre el liderazgo de la iglesia que la Biblia enseña, sin embargo quiero centrarme principalmente en la cuestión de los ancianos, ya que me temo que muchas iglesias no saben lo que se están perdiendo. Como pastor, yo oro que Cristo coloque dentro de nuestras iglesias hombres cuyos dones espirituales y preocupación pastoral indiquen que Dios los ha llamado a ser ancianos. ¡Que Él prepare muchos hombres así!

Si Dios así ha dotado a un hombre en la iglesia con carácter ejemplar, sabiduría pastoral, y talentos para la enseñanza, y si, después de la oración, la iglesia reconoce estas cosas, entonces debe ser asignado como anciano.

¿QUÉ ES UN ANCIANO?

En Hechos 6, la joven iglesia en Jerusalén comenzó a discutir sobre cómo la comida se distribuía a las viudas. Los apóstoles por lo tanto pidieron a la iglesia que seleccionara varios hombres que mejor podrían supervisar la distribución de recursos. Los apóstoles decidieron delegar esta tarea en particular a los diáconos mientras ellos se entregaban "a la oración y al ministerio de la palabra" (Hch 6:4).

Esto, dicho en pocas palabras, parece ser la división de labores entre los ancianos y diáconos que el resto del Nuevo Testamento desarrolla. Los ancianos están especialmente dedicados a la oración y al ministerio de la Palabra para la iglesia, mientras que los diáconos ayudan a mantener las operaciones físicas de la iglesia.

Iglesia, ¿reconoces que los ancianos son un regalo de Dios para ti? Dios está esencialmente diciendo: "Yo voy a tomar varios hombres de entre ustedes y los apartaré para que oren por ustedes y les enseñen acerca de Mí".

LOS ANCIANOS Y LAS CONGREGACIONES

Todas las iglesias han tenido personas designadas para desempeñar las funciones de los ancianos, incluso si esos individuos son llamados por otros títulos, como diácono o director. Los tres títulos del Nuevo Testamento para este oficio, que se usan de manera sinónima son: *episkopos* (superintendente u obispo), *presbuteros* (anciano), y *poimain* (pastor de ovejas o pastor). Los tres se utilizan para referirse a los mismos hombres; por ejemplo, en Hechos 20:17 y 20:28.

Cuando los evangélicos escuchan la palabra anciano, sin embargo, muchos de ellos piensan inmediatamente "presbiteriano". Sin embargo, los primeros Congregacionalistas (C en mayúscula, señalando a un grupo formal de iglesias) por el siglo dieciséis, enseñaron que ser anciano era un oficio para iglesias del Nuevo Testamento. Los ancianos también se podían encontrar en iglesias Bautistas en los Estados Unidos durante todo el siglo dieciocho y en el siglo diecinueve. De hecho, el primer presidente de la Convención Bautista del Sur, W.B. Johnson, escribió un tratado en 1846 para llamar a las iglesias Bautistas que utilizaran una pluralidad de ancianos, ya que la práctica era bíblica.

Bautistas y Presbiterianos están en desacuerdo en dos áreas relacionadas con los ancianos (y creo que lo que está en juego aquí es relevante para aquellos quienes no son Bautistas o Presbiterianos). En primer lugar y fundamentalmente, nosotros quienes somos Bautistas somos congregacionales (c minúscula, refiriéndose a una práctica). Creemos que la Biblia enseña que la decisión final sobre los asuntos recae en la congregación en su conjunto, no con los ancianos de una iglesia o cualquier persona fuera del cuerpo de la iglesia. Cuando Jesús estaba enseñando a Sus discípulos acerca de confrontar a un hermano pecador, dijo que la congregación era la última instancia de apelación, no los ancianos, ni un obispo o Papa, no un consejo o convención (Mt 18:17). Cuando los apóstoles buscaron varios hombres para actuar como diáconos, como hemos comentado, le dieron la decisión a la congregación.

Incluso en las cartas de Pablo, la congregación parece asumir la responsabilidad final. En 1 Corintios 5, Pablo no culpa al pastor, a los ancianos, o a los diáconos por tolerar el pecado de un hombre, sino a la congregación. En 2 Corintios 2, Pablo se refiere a lo que la mayoría de ellos habían hecho en disciplinar a un miembro descarriado. En Gálatas 1, Pablo exhorta a las congregaciones a sí mismas a juzgar la falsa enseñanza que habían estado escuchando. En 2 Timoteo 4, Pablo no sólo reprende a los falsos maestros sino también a los que les pagaban para enseñar lo que sus oídos estaban ansiosos de escuchar. Los Ancianos guían, pero lo hacen, bíblica y necesariamente, dentro de los límites reconocidos por la congregación. En ese sentido, los ancianos y todo otro consejo o comité en una Iglesia Bautista actúan en lo que es, finalmente, un órgano de asesoramiento de toda la congregación.

En segundo lugar, los Bautistas y los Presbiterianos están en desacuerdo sobre las funciones y responsabilidades de los ancianos, en gran parte debido a diferentes interpretaciones de las siguientes palabras escritas por Pablo a Timoteo: "Los ancianos que gobiernan bien sean considerados dignos de doble honor, principalmente los que trabajan en la predicación y en la enseñanza" (1Ti 5:17). Los Presbiterianos entienden que en este verso se establecen dos clases de ancianos, ancianos gobernantes y los ancianos de enseñanza. Los Bautistas no reconocen esta división formal, pero entienden que el versículo sugiere que ciertos individuos dentro de un grupo de ancianos recibirán de manera más plena y constante, como cuestión práctica, la predicación y la enseñanza. Después de todo, Pablo claramente le dice a Timoteo en la misma carta que un requisito básico de cada anciano es que sea "apto para enseñar" (1Ti 3:2; ver también Tit 1:9). Los Bautistas, por lo tanto, a menudo niegan lo apropiado de nombrar a ancianos que no son capaces de enseñar las Escrituras.

PLURALIDAD DE ANCIANOS

Donde a menudo los Bautistas y Presbiterianos estuvieron de acuerdo durante el siglo dieciocho fue que debe haber una pluralidad (o número múltiple) de los ancianos en cada iglesia local. El Nuevo Testamento nunca sugiere un número específico de ancianos para una congregación en particular, pero clara y consistentemente se refiere a los "ancianos" de la iglesia local en plural (por ejemplo, Hch 14:23; 16:4; 20:17; 21:18, Tit 1:5; Stg 5:14).

Hoy en día, no sólo hay más y más iglesias Bautistas redescubriendo esto, sino también iglesias de muchas otras denominaciones, así como iglesias independientes, reconociendo esta idea fundamental de la Biblia.

Una pluralidad de ancianos no quiere decir que el pastor no tiene un papel distintivo. Hay muchas referencias en el Nuevo Testamento a la predicación y los predicadores que no se aplicaría a todos los ancianos de la congregación. En Corinto, por ejemplo, Pablo se dio así mismo exclusivamente a la predicación de una manera que los ancianos laicos en la iglesia no podían (Hch 18:5, 1Co 9:14; 1Ti 4:13; 5:17). Además, los predicadores parecían trasladarse a una zona con el propósito deliberado de la predicación (Ro 10:14-15), mientras que los ancianos parecían estar asentados en la comunidad (Tit 1:5).

A medida que quien proclama la Palabra de Dios viene a ser la voz normal de enseñanza en la iglesia, este predicador fiel probablemente encontrará que una congregación y los otros ancianos lo tratan como el primero entre iguales y "sobre todo" digno de doble honor (1Ti 5:17). Sin embargo, el predicador o pastor es, fundamentalmente, un anciano más, formalmente igual con cualquier otro hombre llamado por la congregación a actuar en este cargo.

BENEFICIOS DE LOS ANCIANOS

Mi propia experiencia como pastor ha confirmado la utilidad de seguir la práctica del Nuevo Testamento de compartir, siempre que sea posible, la responsabilidad de pastorear una iglesia local con otros hombres arraigados en la congregación.

Las decisiones que involucran a la iglesia, pero que no requieren la atención de todos los miembros deberían caer no solo sobre el pastor, sino sobre los ancianos como un todo. Esto a veces es complicado, pero tiene inmensos beneficios. Redondea los dones del pastor, compensando algunos de sus defectos y complementando su juicio. Crea apoyo en la congregación para las decisiones, ayuda a la unidad y deja los líderes menos expuestos a la crítica injusta. Hace un liderazgo más arraigado y permanente y permite que haya continuidad de personas maduras en el cargo. Anima a la iglesia a tomar más responsabilidad por su espiritualidad y ayuda a que la iglesia sea menos dependiente de sus empleados.

Esta práctica de una pluralidad de ancianos es inusual entre iglesias Bautistas hoy en día, pero hay una tendencia creciente hacia ella entre los Bautistas y muchos otros, y por buenas razones. Era necesario en las iglesias del Nuevo Testamento y es necesario ahora.

Y ¿QUÉ DE LOS DIÁCONOS?

Muchas iglesias modernas tienden a confundir a los ancianos, ya sea con el personal de la iglesia o con los diáconos. Los diáconos también llenan un oficio del Nuevo Testamento, uno arraigado en Hechos 6, como hemos visto. Mientras que la distinción entre los dos oficios es difícil, diáconos en general se relacionan con los detalles prácticos de la vida de la iglesia: la administración, el mantenimiento y el cuidado de los miembros de la iglesia con necesidades físicas. En muchas iglesias hoy en día, los diáconos o bien han asumido el papel de la supervisión espiritual o la han dejado enteramente en las manos de un hombre, el pastor. Las iglesias se beneficiarían muchísimo si distinguen claramente de nuevo el papel de los ancianos y diáconos. ¿No necesitan las iglesias ambos tipos de servidores?

ASUMIENDO LA CARGA Y EL PRIVILEGIO

Anciano es el oficio bíblico que tengo como pastor, yo soy el anciano predicador principal. Pero yo trabajo junto con un grupo de ancianos para la edificación de la iglesia. Algunos están en el personal, pero la mayoría no. Nos reunimos regularmente para orar, hablar y dar recomendaciones para los diáconos y toda la iglesia. Es difícil poner en palabras lo mucho que estos hombres me han amado a mí y a toda la congregación, compartiendo la carga y el privilegio de pastorear. Doy gracias a Dios regularmente por estos compañeros de trabajo.

Claramente, la idea de ancianos en la iglesia es una idea bíblica que tiene un valor práctico. Si se aplica en nuestras iglesias, podría ayudar a los pastores inmensamente quitando peso de los hombros e incluso la eliminación de sus propias tiranías mezquinas dentro de sus iglesias. Por otra parte, las cualidades de carácter enlistadas por Pablo para los ancianos, además de la capacidad de enseñar, son cualidades que todo cristiano debería procurar (1Ti 3, Tit 1). Afirmando públicamente a ciertos individuos como ejemplares se ayuda a presentar un modelo para otros cristianos, especialmente para los hombres cristianos. De hecho, la práctica de reconocer laicos que sean piadosos, con discernimiento y confiables como ancianos es otra marca de una iglesia saludable.

AHORA VIENE LO BUENO

Recientemente, un anciano de mi iglesia me confió esto: "Muchas veces he querido dejar esta iglesia... todo esto de hablar de luchar contra el pecado y servir a los demás; rendir cuentas de mi vida a personas que son igualmente pecadoras...".

Continuó diciendo: "Pero me doy cuenta que ese es precisamente el punto. Yo mismo todavía soy un pecador y quiero acabar de una vez por todas con el pecado. Necesito rendir cuentas, recibir ejemplo, recibir cuidado, ser amado y atendido. ¡Y mi carne lo aborrece! Pero sin todo esto, probablemente ya me habría divorciado de mi esposa y de una segunda y una tercera y nunca habría vivido con mis hijos. Dios muestra Su gracia y cuidado por mí a través de Su iglesia".

Las iglesias saludables, las iglesias que gradualmente reflejan más y más el carácter de Dios, tal como ha sido revelado en Su Palabra, no siempre son los lugares en los cuales es más fácil estar. Los sermones pueden ser largos. Las expectativas pueden ser altas. Las conversaciones acerca del pecado probablemente se perciban como exageradas para muchos. La comunión podría incluso llegar a sentirse, al menos unas veces, hasta intrusa. Pero la clave es la palabra "gradualmente".

Si como iglesia reflejamos gradualmente el carácter de Dios, entonces es lógico pensar que si los aspectos de nuestra vida en lo individual y colecto no reflejan Su carácter debe haber manchas en el espejo que deben ser pulidas, curvas en el cristal que necesitan ser aplanadas. Para esto se requiere trabajo.

Y Dios en Su bondad nos ha llamado a vivir la vida cristiana juntos, entretanto que nuestro amor y cuidado mutuo reflejan el amor y cuidado de Dios. Las relaciones en el mundo implican compromiso. Si esa es la expectativa en el mundo, el compromiso es mayor en la iglesia. Él nunca tuvo la intención de que nuestro crecimiento ocurra en la soledad de una isla, sino con y a través de los demás.

Con todo esto que parece una carga tan negativa y difícil de llevar, ¿crees que una iglesia sana experimenta la alegría? Oh, seguro que si. Una iglesia sana conoce la alegría de un cambio real. Conoce la alegría de los grilletes del pecado rotos. Conoce la alegría de la comunión real y la verdadera unidad, pero no de la unidad como un fin en sí mismo, sino la unidad en torno a la salvación y la adoración común. Conoce la alegría de ser semejante a Cristo, dando y recibiendo amor. Más maravillosamente, conoce la alegría de reflejar "la gloria del Señor" y de ser "transformados en la misma imagen de gloria en gloria, como por el Señor, el Espíritu" (2Co 3:18).

En el tercer mandamiento (Ex 20:7; Dt 5:11), Dios advirtió a Su pueblo que no debía tomar Su Nombre en vano. No se refería meramente a prohibirnos el uso de lenguaje profano. También nos hizo una advertencia en contra de tomar en vano Su Nombre sobre nosotros, de manera que nuestras vidas mientan acerca de Él. Este mandato es para nosotros, la Iglesia.

Muchas iglesias están enfermas hoy en día. Confundimos la ganancia personal con crecimiento espiritual. Confundimos mera emoción con la verdadera adoración. Atesoramos la aceptación del mundo en lugar de la aprobación divina, la cual Dios concede a los que viven en oposición al mundo. Independientemente de sus perfiles estadísticos, muchas iglesias hoy en día parecen no estar preocupadas acerca de las claras marcas bíblicas que deben distinguir a una iglesia creciente y con vitalidad.

La salud de la iglesia debe preocupar a todos los cristianos, en particular a los que han sido llamados a ser líderes en la iglesia. Nuestras iglesias existen para mostrar a Dios y Su glorioso evangelio a Su creación. Existimos para dar gloria a Dios con nuestras propias vidas, juntos. Este encargo es nuestra impresionante responsabilidad y tremendo privilegio.

Así que volvamos donde comenzamos. ¿Qué estás buscando en una iglesia? ¿Estás buscando una iglesia que refleja tus propios valores y los de tu comunidad o una iglesia que refleja el carácter y la gloria no de este mundo sino de Dios? De estas dos opciones, ¿cuál representa mejor una luz en un monte para un mundo perdido en la oscuridad?

Para una discusión más completa de cada una de las nueve marcas, lee el libro *Las nueve marcas de una iglesia sana* (Publicaciones Faro de Gracia). Para un tratado más práctico acerca de cómo construir una iglesia saludable, puedes leer el libro *Una iglesia deliberante* (Publicaciones Faro de Gracia), escrito por Paul Alexander y yo. Para una mayor discusión sobre la estructura de una iglesia, su membresía, los ancianos, diáconos y el congregacionalismo, puedes leer *A Display of God's Glory* (9Marks). Por último, puedes disfrutar de un buen número de artículos, sermones en audio, libros y mucho más acerca de la vida de la iglesia en <u>es.9marks.org</u>.

UNA NOTA A LOS QUE ESTÁN EN LAS BANCAS

Si has sido animado por alguna parte del contenido de este libro, ten cuidado en cómo propones el cambio a tus pastores. Ora, sirve, anima, da un buen ejemplo con tu propia vida y sé paciente. Una iglesia saludable es menos acerca de un lugar que se ve de cierto modo y más acerca de gente que se ama de la manera correcta. Y el amor generalmente, se aprecia mejor cuando se encaran circunstancias que no nos gustan. ¡Sólo piensa, cristiano, cómo hemos sido amados en Cristo!

UNA NOTA PARA EL PASTOR

Si has sido animado por alguna parte del contenido de este libro, ten cuidado en cómo introduces el cambio a tu iglesia. Sé paciente, ama a la gente y predica la Palabra.

UN TÍPICO PACTO DE UNA IGLESIA SANA

Habiendo sido, como confiamos, traídos por la gracia divina al arrepentimiento y a la fe en el Señor Jesucristo, y a renunciar a nosotros mismos para Él, y habiendo sido bautizados en nuestra profesión de fe en el nombre del Padre y del Hijo y del Espíritu Santo, descansando en Su amable ayuda, solemne y gozosamente renovamos nuestro pacto el uno con el otro.

Trabajaremos y oraremos por la unidad del Espíritu en el vínculo de la paz. Caminaremos juntos en amor fraternal, como corresponde a miembros de una iglesia cristiana; ejerciendo fielmente un cuidado afectuoso y la vigilancia de unos sobre otros y amonestándonos unos a otros, según lo amerite la ocasión.

No abandonaremos el congregarnos, ni abandonaremos el orar por nosotros mismos y unos por otros.

Asumimos el reto de procurar en todo momento, en disciplina y amonestación del Señor, y mediante un ejemplo puro y amoroso, la salvación de nuestros familiares y amigos. Nos gozaremos de la felicidad de los demás, y procuraremos con ternura y empatía soportar las cargas y dolores de los demás.

Buscaremos, con la ayuda divina, vivir cuidadosamente en el mundo, negándonos a la impiedad y los deseos mundanos, recordando que hemos sido voluntariamente sepultados en el bautismo y resucitados de la simbólica tumba, por lo que en nosotros hay una obligación especial de llevar una vida nueva y santa en el presente.

Trabajaremos juntos por la continuidad de un fiel ministerio evangélico en esta iglesia, sosteniendo el culto, las ordenanzas, la disciplina y la doctrina. Contribuiremos con gozo y regularidad en el sostenimiento del ministerio, los gastos de la iglesia, la atención a las necesidades de los pobres y la propagación del evangelio en todas las naciones.

Cuando nos mudemos de lugar, tan pronto como sea posible, nos uniremos a otra iglesia en la que podamos llevar a cabo el espíritu de este pacto y los principios de la Palabra de Dios.

Que la gracia del Señor Jesucristo, el amor de Dios y la comunión del Espíritu Santo sean con todos nosotros.

Amén.

AGRADECIMIENTO ESPECIAL

Muchas personas me han ayudado a entender y experimentar lo que es una iglesia saludable. Sin embargo, dos de ellos han hecho una contribución particular a este libro.

Matt Schmucker me sugirió por primera vez que convirtiera una serie de artículos del boletín de la iglesia en el folleto original, que reemplaza este libro. Matt ha sido siempre un estímulo para hacer que los pensamientos contenidos en este libro se encuentren ampliamente disponibles. Sin él, no estoy seguro de que este libro habría llegado.

Jonathan Leeman nos ha echado una gran mano en este libro, al punto que nos preguntamos si no sería mejor poner en la portada "Por Mark Dever y Jonathan Leeman".

Al final del día, la cantidad de material que era mío, su identificación con el anterior folleto 9 Marcas y la forma en que está escrito ("Yo" refiriéndose a mí, con ilustraciones de mi vida) me hicieron decidir a favor de dejar la atribución a mi nombre. Una vez dicho esto, Jonathan escribió la parábola del Señor Nariz y los señores Manos, la larga lista de expresiones del Nuevo Testamento sobre el uso de la Palabra de Dios, y otras partes de la primera mitad del libro. Él ha hecho un trabajo excelente de reorganización y edición del antiguo folleto a este nuevo y amplio formato —el cual esperamos que sea más útil—. Es un talentoso hermano quien ha sido de gran ayuda para mí. Y tú también estás recibiendo de él más de lo que imaginas.

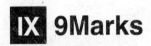

IX 9Marks

Edificando Iglesias Sanas

9Marks existe para equipar con una visión bíblica y recursos prácticos a líderes de iglesias para que la gloria de Dios se refleje a las naciones a través de iglesias sanas.

Con ese fin, deseamos ver iglesias caracterizadas por estas nueve marcas de salud:

1 Predicación expositiva
2 Teología bíblica
3 Un entendimiento bíblico de las buenas nuevas
4 Un entendimiento bíblico de la conversión
5 Un entendimiento bíblico del evangelismo
6 Un entendimiento bíblico de la membresía
7 Disciplina bíblica en la iglesia
8 El Discipulado y el crecimiento bíblicos
9 Liderazgo bíblico en la iglesia

Visítanos: es.9marks.org

El Evangelio
¡para cada rincón de la Vida!

Poiema /POY-EMA/ es la palabra griega que se refiere a una obra creada por Dios. Es la raíz de nuestra palabra "poema", que nos insinúa algo artístico, no una simple fabricación. Pablo dice:

Porque somos la obra maestra (POIEMA) de Dios, creados de nuevo en Cristo Jesús…
Efesios 2:10

El propósito de Poiema Publicaciones es reflejar la imagen de nuestro Creador, creando libros de alta calidad, accesibles, agradables y pertinentes al mundo caído en el que vivimos. Dios nos invita a tomar parte en la redención de toda Su creación en Jesús. En Poiema Publicaciones, sentimos un llamado a que nuestra lectura ¡también sea redimida!

 PoiemaLibros

 Poiema Publicaciones

 PoiemaLibros

Visita nuestra web